Heike Murglat/Zeynep Kalkavan

Schulweg und Verkehrssicherheit

Kooperative Lernmethoden im Sachunterricht

1./2. Klasse

Persen
Persen Verlag

Die Autorinnen:

Kalkavan, Zeynep, Dr. phil., Juniorprofessorin für Sprachdidaktik/Grundschuldidaktik am Germanistischen Institut der Westfälischen Wilhelms-Universität Münster/Abteilung Sprachdidaktik, ausgebildete Grundschullehrerin in den Fächern Deutsch, Mathematik, Englisch und Kunst

Murglat, Heike, Grundschullehrerin in Nordrhein-Westfalen, Lehramtsstudium in den Fächern Deutsch, Sachunterricht, Mathematik und Englisch, Zusammenarbeit mit der Ruhr-Universität Bochum

Gedruckt auf umweltbewusst gefertigtem, chlorfrei gebleichtem und alterungsbeständigem Papier.

1. Auflage 2013

Illustrationen: Katharina Reichert-Scarborough, München
Satz: Satzpunkt Ursula Ewert GmbH, Bayreuth

ISBN 978-3-403-23007-6

www.persen.de

Inhalt

Vorwort

Der Sachunterricht in der Grundschule stellt sich der Aufgabe, die Schülerinnen und Schüler, neben dem inhaltlichen Wissenserwerb, in grundlegenden Fähigkeiten wie der der Teamfähigkeit, der Arbeitsteilung und der Fähigkeit zur sozialen Kooperation zu fördern. Dies erfordert einen unterrichtlichen Rahmen, der den Kindern sowohl Raum als auch vielfältige Gelegenheit bietet, diese Kompetenzen in der handelnden Auseinandersetzung mit Mitschülern schrittweise zu erproben und zu erweitern. Bedingt durch die heterogene Zusammensetzung der Schülerinnen und Schüler[1] eines ersten Schuljahres, die sich sowohl in ihren individuellen Lernvoraussetzungen als auch in ihren bis dahin erworbenen Fähigkeiten im sozialen Umgang miteinander oftmals deutlich unterscheiden, obliegt es nun vorrangig dem Anfangsunterricht, soziale Basiskompetenzen zu vermitteln, die ein erfolgreiches Arbeiten in der Grundschule überhaupt ermöglichen.

Mithilfe dieses Unterrichtsbandes möchten wir Sie in diesem anspruchsvollen Vorhaben unterstützen und Sie dazu ermutigen, kooperative Lernmethoden bereits in der Schuleingangsphase dazu zu nutzen, Partner- und auch Gruppenarbeitsprozesse in Ihrer Klasse strukturiert und auch effizient einzuführen.

Viele Studien über das kooperative Lernen belegen inzwischen, dass die Erzeugung einer positiven individuellen Abhängigkeit grundlegend für den Lernerfolg zu sein scheint. Demzufolge erläutern wir einführend, wie Sie zum einen durch die Verteilung von Arbeits- und Sozialrollen diese positive Abhängigkeit zwischen den einzelnen Gruppenmitgliedern initiieren können und zum anderen, mit welchen Mitteln Sie darüber hinaus noch erreichen können, dass sich jedes einzelne Kind sowohl für den eigenen Lernerfolg als auch den der gesamten Gruppe verantwortlich fühlt.

Der vorliegende Unterrichtsband beinhaltet eine im Unterricht erprobte Reihenplanung, die in eine Geschichte eingebettet ist. Der Protagonist dieser Geschichte, ein kleiner Maulwurf namens Fluppi, lernt im Laufe der Unterrichtsreihe die Orientierung im Straßenverkehr und in der Stadt kennen. Die Schüler helfen Fluppi bei den unterschiedlichen Aufgaben zur Orientierung im Straßenverkehr. Für die einzelnen Unterrichtseinheiten wurden unterschiedliche Lernarrangements gewählt, die an die Prinzipien des cooperative learning[2] anknüpfen. Diese Auswahl gründet sich zum einen auf die inhaltlichen Lernziele der jeweiligen Unterrichtseinheiten und zum anderen auf unser Bestreben, die Motivation der Kinder durch abwechslungsreiche Übungsformate anzuregen und sukzessive auf anspruchsvollere Methoden (z. B. Jigsaw) vorzubereiten, in denen ebenfalls fachliche Inhalte sowie soziale Arbeitsstrukturen verknüpft werden.

Viel Erfolg und Freude beim Einsatz kooperativer Lernformen wünschen Ihnen

Heike Murglat & Zeynep Kalkavan

[1] Im Folgenden wird der einfachen Lesbarkeit halber durchgehend die maskuline Form verwendet. Die weibliche Form ist immer mit eingeschlossen.

[2] Vgl. u. a. Stevens/Slavin (1995); Johnson/Johnson (2009)

Erläuterungen zum Themenbereich „Verkehrserziehung Klasse 1/2"

Der Sachunterricht orientiert sich an der Erfahrungswelt der Schülerinnen und Schüler. Spätestens mit dem Eintritt in die Schule erweitert sich für viele Kinder der Raum ihrer Umwelt, in der sie sich selbstständig bewegen. Allein durch die tägliche Bewältigung ihres Schulweges werden die Kinder plötzlich zu aktiven oder passiven Teilnehmern des Straßenverkehrs. Demzufolge obliegt der Verkehrserziehung in der Schuleingangsphase der Grundschule eine besondere Verantwortung. Die Kinder müssen sichere Wege zur Überquerung einer Straße erlernen. Dazu gehören u. a. Kenntnisse über die Funktion und Bedeutung der Ampel und deren einzelner Phasen, die sichere Unterscheidung von Rechts und Links sowie Kenntnisse über die wichtigsten Verkehrszeichen als Fußgänger. Dazu sollte den Kindern die Notwendigkeit des Tragens von heller Kleidung und auch der Sinn von Reflektoren zur besseren Sichtbarkeit für Fahrrad- und Autofahrer verdeutlicht werden.

Im Rahmen dieser Unterrichtsreihe begegnen die Kinder über die Identifikationsfigur, dem Maulwurf Fluppi, auch einem Verkehrspolizisten. Diese fiktive Begegnung soll zum einen auf den in vielen Schulen noch praktizierten Besuch des örtlichen Verkehrspolizisten vorbereiten und zum anderen dazu beitragen, den Kindern Hemmungen und Ängste im Umgang mit der Berufsgruppe der Polizei zu nehmen. In diesem Zusammenhang bietet sich sowohl die direkte Unterweisung des richtigen Verhaltens als Fußgänger als auch die Beobachtung und spätere Diskussion im Klassenraum über spezifische Verkehrssituationen im Schulbezirk an. Die Geschichte ist in „thematische" Teilabschnitte unterteilt. Diese können zu den vorgestellten Unterrichtsreihen entweder vorgelesen oder aber frei erzählt werden. Die beigefügten Bilder zu der Geschichte bzw. zu den Fortsetzungen sollten dazu dienen, dass die Geschichte von Fluppi in der Klasse visualisiert werden kann. Sie können dazu anregen, dass die Kinder zu Beginn der nächsten Unterrichtseinheit einzelne Themen bzw. die Geschichten noch einmal reflektieren und nacherzählen. Sowohl die Unterrichtseinheiten als auch die Geschichten sowie die dazugehörigen Bilder können durch eigene Erarbeitungen (ggf. gemeinsam mit den Kindern) ergänzt werden. Eine weitere Möglichkeit wäre, die Bilder (verkleinert) für jedes Kind zu kopieren und eine „Verkehrsmappe" zu gestalten, in der die Kinder zu weiteren Verkehrsthemen Bilder mit bzw. von Fluppi malen.
Bei den vorgestellten Materialien handelt es sich um Vorschläge für Unterrichtseinheiten, die keinen Anspruch auf Vollständigkeit der thematischen Behandlung „Verkehrserziehung" stellen. Die Einheiten sowie die Geschichte sollten je nach Lern- und Kenntnisstand der Klasse modifiziert bzw. ergänzt werden. Thematische Ergänzungen, die sich für die Schuleingangsphase als geeignet erweisen (z. B. *Bus fahren mit Fluppi*), sind durchaus möglich.
Der „Schulweg" wird in diesem Band als abschließende Unterrichtseinheit mit einer Fantasiereise verknüpft. Ein geschlossenes Ende der Geschichte wird nicht vorgestellt, da sie ggf. fortgeführt und von den Klassen selbst festgelegt werden sollte.

Wir möchten des Weiteren darauf hinweisen, dass auch in dieser Unterrichtsreihe Kinder Sprache bewusst reflektieren, ihren Sprachschatz erweitern und fach-und themenspezifische Handlungen versprachlichen sollen. Dazu dienen Wortlisten[1] in der Regel lediglich als erste Hilfestellungen. Diese sollten unbedingt durch Phraseologismen und spezielle Kollokationen und vollständige Sätze (z. B. „eine Straße überqueren"; „Ich überquere eine Straße. Du überquerst eine Straße etc.") erweitert werden. Wörter- und Satzlisten sind kaum effektiv, wenn den Kindern nicht Raum und Zeit gegeben wird, mit diesen zu arbeiten, zu zweit, in Gruppen oder im Plenum.

Lernziele der Unterrichtseinheiten sowie deren Bezug zum Lehrplan

Die vorgestelle Unterrichtsreihe zum Thema „Verkehrserziehung Klasse 1/2" lässt sich im Lehrplan des Sachunterrichtes der Grundschule in NRW[2] dem Bereich „Raum, Umwelt und Mobilität" und dabei den Aufgabenschwerpunkten „Schule und Umgebung" sowie „Schulweg und Verkehrssicherheit" zuordnen[3]. Eingebettet in kooperative Lernarrangements erkunden sowie erforschen die Kinder ihre direkte Umwelt. Sachbezogene Aufgaben werden mit einem oder mehreren Partnern gemeinsam geplant und bearbeitet. So lernen die Kinder handlungs- und problemorientiert die Funktion der Ampel, den Sicherheitsaspekt von heller Kleidung und Reflektoren sowie die Bedeutung der wichtigsten Verkehrsschilder für Fußgänger kennen. Unterstützt durch die Erkundung, Orientierung und auch unmittelbare Beobachtung von spezifischen Verkehrssituationen im direkten Umfeld der Schule wird ein verantwortungsbewusstes und regelgeleitetes Verhalten der Kinder als Teilnehmer im Straßenverkehr angestrebt.

1 Nomen sollten immer mit Artikel eingeführt werden.
2 Vgl. Ministerium für Schule, Jugend und Kinder des Landes NRW (2008)/Lehrplan Sachunterricht
3 Vgl. Ministerium für Schule, Jugend und Kinder des Landes NRW (2008)/Lehrplan Sachunterricht, S. 44

Folgende Fähigkeiten und Fertigkeiten werden dabei geschult:
- bewusstes Wahrnehmen, Beobachten, Beschreiben, Analysieren, Auswerten und Dokumentieren
- Erklärungen entwickeln und argumentieren lernen
- Durchführen und Auswerten von realen Umwelterfahrungen (Schulweg, Schulumfeld)
- Methoden des aktiven Wissenserwerb
- Austausch und Erläuterung von Überlegungen und Ergebnissen

Orientierung an Kompetenzen

Aufgabe des Sachunterrichts in der Grundschule ist, die Schülerinnen und Schüler bei der Entwicklung von Kompetenzen zu unterstützen, die sie zur Erschließung und zum Verständnis ihrer Lebenswelt sowie zum verantwortungsbewussten Handeln befähigen. In diesem Kontext wird unterrichtlichen Arrangements, die das soziale Lernen fordern und fördern, eine besondere Bedeutung beigemessen. Neben der Übernahme von Aufgaben und Pflichten sowie der Einhaltung von Arbeits- und Gruppenregeln, sollen die Kinder dazu angehalten werden, miteinander zu kooperieren und beispielsweise Lernergebnisse zu vergleichen und zu diskutieren.
Eingebettet in eine fiktive Geschichte ermöglicht die in diesem Band vorgestellte Unterrichtsreihe den Kindern, unter Einbeziehung der Erkundung und Nutzung des direkten Schulumfeldes, Fähigkeiten und Fertigkeiten zu erwerben sich als Verkehrsteilnehmer sowohl sicher als auch regelgerecht und umweltschonend zu bewegen.

Kompetenzerwartungen am Ende der Schuleingangsphase

Die folgenden Inhalte zu den Kompetenzerwartungen am Ende der Schuleingangsphase wurden aus dem Lehrplan Sachunterricht für die Grundschule NRW (2008)[1] entnommen und unter Berücksichtigung der in diesem Band vorgestellten Aufgaben und Fachziele zusammengestellt.

Bereich: Raum, Umwelt und Mobilität Schwerpunkt: Schule und Umgebung
Kompetenzerwartungen am Ende der Schuleingangsphase *Die Schülerinnen und Schüler*
• erkunden Schulwege und Schulumgebung • orientieren sich mithilfe von Wegeskizzen • beachten Hinweisschilder
Bereich: Raum, Umwelt und Mobilität Schwerpunkt: Schulweg und Verkehrssicherheit
Kompetenzerwartungen am Ende der Schuleingangsphase *Die Schülerinnen und Schüler*
• zeichnen und beschreiben ihren Schulweg mithilfe markanter Punkte • beobachten und dokumentieren Verkehrssituationen aus dem Schulbezirk • dokumentieren Verkehrszeichen, vergleichen sie, erklären ihre Bedeutung und beachten sie

Methodenübersicht

Inhalte/Themen	Methoden/Darstellungsformen
Im Straßenverkehr – Die Leitfigur *Maulwurf Fluppi* entdeckt den Straßenverkehr (Einstieg in die Geschichte mit Wimmelbild)	Denken-Austauschen-Vorstellen (Think-Pair-Share)/ Schnittkreis (Venn-Diagramm)
Die Ampel – Maulwurf Fluppi begegnet der Ampel	Denken-Austauschen-Vorstellen (Think-Pair-Share)/ Fischgräte (Fishbone)
Richtige Kleidung – Maulwurf Fluppi zieht sich im Straßenverkehr gut sichtbar an	Denken-Austauschen-Vorstellen (Think-Pair-Share)

[1] Vgl. Ministerium für Schule, Jugend und Kinder des Landes NRW (2008)/Lehrplan Sachunterricht, S. 44

Inhalte/Themen	Methoden/Darstellungsformen
Verkehrszeichen – Maulwurf Fluppi im Wald der Verkehrsschilder	Vier-Ecken-Gespräch (Four Corners)/Buddy-Book
Der Verkehrspolizist – Maulwurf Fluppi begegnet einem Verkehrspolizisten	Platzdeckchen (Placemat)/ Denken-Austauschen-Vorstellen (Think-Pair-Share)
Richtig über die Straße gehen – Maulwurf Fluppi muss die Straßen überqueren	Platzdeckchen (Placemat)/ Denken-Austauschen-Vorstellen (Think-Pair-Share)
Mein Schulweg	Denken-Austauschen-Vorstellen (Think-Pair-Share)/ Line-Up (Erzählkette)

Methodische und organisatorische Hinweise[1]

Die Einführung von kooperativen Partner- bzw. Gruppenarbeitsprozessen im ersten Schuljahr bedingt einige strukturelle und organisatorische Vorüberlegungen sowie Durchführungen. Der entscheidende Unterschied, und vermutlich auch der Schlüssel des Erfolges, zwischen kooperativer Gruppenarbeit und „herkömmlicher" Gruppenarbeit liegt in der Erzeugung von positiver Abhängigkeit[2] zwischen den einzelnen Partnern einer Gruppe. Jedes Mitglied der Gruppe trägt individuell zum Gelingen der Gruppenarbeit bei und ist durch seine aktive Teilnahme verantwortlich für den Erfolg der anderen Gruppenmitglieder. Da Kinder im ersten Schuljahr zur Übernahme von Verantwortung für den eigenen Lernerfolg und dementsprechend auch für den Lernerfolg einer Gruppe in der Regel erst sukzessive angeleitet werden müssen, stellen wir im Folgenden einige exemplarische Beispiele vor, wie zum einen sinnvolle Lernteams in einer Klasse gebildet werden können und zum anderen positive Abhängigkeit zwischen diesen Partnern initiiert werden kann.

Bildung von Lernteams in der Klasse

Zur Einführung wichtiger Grundlagen in das kooperative Arbeiten empfiehlt es sich, die Kinder anfangs nur in festen Zweierteams arbeiten zu lassen. Erst wenn die Kinder gelernt haben, erfolgreich mit einem Partner zu kooperieren, ist es an der Zeit die Gruppengröße schrittweise zu erweitern. Ein erster Schritt könnte der Austausch mit einem anderen Zweierteam am Gruppentisch sein[3]. Um nun die Vorlieben bzw. Abneigungen bezüglich der Partnerwahl der Kinder untereinander herauszufinden, bietet sich die Durchführung eines Soziogrammes[4] an. Dazu erhalten die Kinder eine vorbereitete DIN-A5-Karte, in dessen Mitte sie ihren eigenen Namen schreiben. In jede Ecke der Karte schreiben sie nun weitere Namen von Kindern der Klasse, mit denen sie gern ihren Geburtstag feiern würden. Unten auf die Karte schreiben sie den Namen eines Kindes, mit dem sie nicht zusammensitzen möchten. Nachdem Sie so einen Überblick über die Neigungen der Kinder ermittelt haben, liegt es an Ihnen, die Lernteams möglichst heterogen und unter Berücksichtigung der unterschiedlichen Lerntypen der Kinder zusammenzusetzen. Immer zwei Lernteams sollten sich dabei an einem Gruppentisch gegenübersitzen[5].

Einführung in die Arbeit im Team[1]

Zur Erzeugung eines Teamgedankens bei den einzelnen Partnern der Teams ist es unabdingbar, mit den Kindern die Vorteile einer Teamarbeit zu erarbeiten und diese auch zu visualisieren. Die Kinder müssen wissen:

1. Was bedeutet Teamarbeit?
2. Welche Vorteile hat es, mit anderen Kindern zu arbeiten?
3. Wie lange dauert die Arbeit mit meinem Teampartner?

Um den Teamgedanken der Kinder zu unterstützen, empfiehlt es sich, die einzelnen Teams ein Namensschild für ihr Team entwerfen und gestalten zu lassen.

[1] Die methodischen und organisatorischen Hinweise wurden aus Murglat/Kalkavan (2012) übernommen.
[2] Vgl. Forschungsergebnisse zum cooperative learning: u.a. Slavin (1995), Johnson/Johnson (2009), Buchs/Gilles/Dutrévis/Butera (2010)
[3] Vgl. 2. Unterrichtseinheit dieser Reihe: Die Ampel-Maulwurf Fluppi lernt die Ampel kennen
[4] Vgl. Green/Green (2010)
[5] Diese Sitzordnung bietet die Möglichkeit bei Bedarf einen Austausch in einem Vierer-Team zu ermöglichen und trägt der Forderung von Green nach räumlicher Nähe zwischen den Partnern eines Teams Rechnung.

Sinnvoll wäre es, die Teams bis zur Beendigung der Unterrichtsreihe bestehen zu lassen.
Vor der Beendigung der Arbeit in einem festen Team sollten die Kinder die Gelegenheit erhalten, sich von ihren Partnern zu verabschieden:

- die Teams erhalten ein Abschiedsfoto
- die Partner malen einander ein Bild zum Abschied
- die Partner schreiben sich gegenseitig Briefe:
  „Du warst ein guter Partner, weil ....“
  „Ich habe gerne mit dir zusammengearbeitet, weil ...“
  „Ich fand es gut, als ...“

Rollenverteilung im Team

Ein wichtiges Element zur Erzeugung von positiver Abhängigkeit unter den Teampartnern ist die Zuteilung von Rollen innerhalb eines Teams. Diese Rollen beziehen sich entweder auf organisatorische Aufgaben (Materialmanager, Zeitmanager, Lautstärkemanager etc.) oder auch auf inhaltliche Aufgaben (Vorleser, Schreiber, Präsentator etc.). Zur Einführung in die Arbeit mit Rollen bietet es sich an, den Kindern zunächst zwei organisatorische Rollen anzubieten. Dazu eigenen sich der

Materialmanager und der Zeitmanager[1].

Weitere mögliche Arbeits- und Sozialrollen (s. u.) schließen an dem Prinzip des selbstständigen und eigenverantwortlichen Lernens bzw. Arbeitens in Gruppen an. Die Verteilung von Rollen im Team sollte unterstützend auf die Lern- und Arbeitsprozesse wirken. Dieser Überlegung zufolge sollten sie nicht nur beim Einsatz einzelner kooperativer Lernformen eingeführt werden, sondern auch in anderen Unterrichtskontexten die „Arbeitsstruktur“ und den Teamgeist in der Klasse fördern (Kalkavan/Özdil 2012).

Beispiele für weitere Arbeits- und Sozialrollen[2]:

 Schreiber	 Leser	 Präsentator
 Überprüfer	 Lautstärkenregler	 Ermunterer

[1] Wir möchten an dieser Stelle darauf hinweisen, dass wir keine zeitlichen Vorgaben für die einzelnen Arbeitsphasen vornehmen. Da es sich insbesondere bei dem „Zeitwächter“ um eine Rolle handelt, die die inhaltliche Arbeit an einem Thema stark beeinflussen kann, sollte diese Rolle und die damit verbundene Verantwortung explizit in der Klasse besprochen werden. Die zeitlichen Vorgaben müssen die heterogene Arbeitsweise innerhalb einzelner Gruppen berücksichtigen.

[2] Vgl. auch Green/Green (2010); Johnson/Johnson (2009)

Jedes Teammitglied wählt für einen bestimmten Zeitraum (einen Tag/eine Woche) eine Rolle aus. Anschließend werden die Rollen getauscht, sodass jeder Teampartner über Erfahrungen im Umgang mit den Aufgaben dieser Rollen verfügt. Sukzessive werden den Teams dann auch weitere Rollen vorgestellt und angeboten. Selbstverständlich müssen die Kinder über ihre spezifischen Aufgaben als Rollenwächter unterrichtet werden bzw. diese im Team selbst erarbeiten. Zur Verdeutlichung der Rollenverteilung im Team können die Rollensymbole auf Klammern geklebt und am Teamschild aufbewahrt werden.

Die Angaben zu den möglichen Rollen der einzelnen Aufgabenformate der vorliegenden Reihenplanung gehen über die Arbeit im Zweierteam hinaus und sind als Wahlangebot zu verstehen. Grundsätzlich sollte jedes Teammitglied für eine Teamarbeit auch nur eine Rolle zugewiesen bekommen.

Feedback über die Teamarbeit

Zur Schulung der Wahrnehmung des eigenen Arbeits- und Sozialverhaltens und für das Funktionieren der Teamarbeit ist es sinnvoll, nach jeder Teamarbeitsstunde mit den Kindern ihre Arbeit zu reflektieren. Dabei ist es durchaus möglich, den Fokus nur auf die Einhaltung der Rollen oder nur auf das Arbeits- bzw. Sozialverhalten der Kinder zu legen. Im Anhang dieses Bandes finden Sie zu diesem Zweck zwei unterschiedliche Kopiervorlagen für die Hände der Kinder. Zum Abschluss dieser Reflexionsphase sollte jedes Team einen Aspekt der Zusammenarbeit verbalisieren oder verschriftlichen, den es in der nächsten Teamarbeit verbessern möchte.

Dazu können verschiedene Reflexionsbögen ausgefüllt werden:
- zur Einhaltung der ausgewählten Rolle
- zur eigenen Beteiligung an der Arbeit
- zum eigenen Sozialverhalten dem Partner/der Gruppe gegenüber
- zur Stimmung im Team
- zum Festhalten von Vorschlägen zur Verbesserung der Teamarbeit

Zielabhängigkeit im Team

Die zweite wichtige Möglichkeit, positive Abhängigkeit zwischen den einzelnen Mitgliedern eines Teams zu schaffen, ist die Einführung einer Zielabhängigkeit.
Das Lernziel eines Teams ist nur dann erreicht, wenn jedes Kind des Teams sein Ziel erreicht hat!
Die Festlegung des zu erreichenden Gruppenziels am Ende der kooperativen Arbeitsphase muss dementsprechend seitens des Lehrers für alle Teams vor Beginn der Arbeit vereinbart und transparent gemacht werden. Dabei ist es im Hinblick auf den gemeinsamen Unterricht grundsätzlich sinnvoll und auch möglich, einzelnen Gruppenmitgliedern individuelle Lernziele einzuräumen. Nach jeder Unterrichtseinheit wird die Arbeit des Teams bewertet. Möglichkeiten der Lernzielkontrollen sind:

1. das Arbeitsblatt eines Teampartners wird zur Bewertung für die Gruppe ausgewählt,
2. ein Kind aus jedem Team absolviert einen mündlichen Test am Ende der Arbeitsphase,
3. ein Kind aus jedem Team schreibt einen kurzen schriftlichen Test am Ende der Arbeitsphase,
4. ein Kind wird ausgewählt um die Arbeitsergebnisse der Gruppe vorzustellen.

Diese Möglichkeiten gewährleisten, alle individuellen Lernzielvereinbarungen einzelner Kinder zu berücksichtigen. Die Auswahl der zu überprüfenden Kinder sollte zufällig geschehen. Das bedeutet, dass die Kinder auch erst am Ende der Unterrichtseinheit erfahren, welches Arbeitsergebnis oder welches Kind für die Lernzielkontrolle ausgewählt ist. Effizient wäre eine Kennzeichnung der einzelnen Teampartner vor Beginn der Arbeitsphase mit Ziffern oder Buchstaben (Partner A/Partner B). Am Ende der Stunde sollte dann mitgeteilt werden, welcher Partner zur Überprüfung ausgewählt wird. Dieses Vorgehen soll die Kinder dazu anleiten, Verantwortung sowohl für ihren eigenen Lernerfolg als auch für den ihres Partners bzw. der gesamten Gruppe zu übernehmen.

Da Kinder im ersten Schuljahr dieses gewünschte Helferverhalten nicht immer und selbstverständlich ohne einen persönlichen Anreiz zeigen, würden wir die Verknüpfung der Zielabhängigkeit des Teams mit einer Belohnungsstruktur empfehlen.

Zu den ausgewählten Methoden und Darstellungsformen

Im Folgenden werden die in diesem Band im Rahmen der Unterrichtskonzepte aufgegriffenen Lernmethoden bzw. besonderen Darstellungsformen kurz erläutert[1].

Buddy-Book
Aus einem DIN-A4-Blatt wird ein kleines Büchlein mit 8 Seiten gefaltet. (Faltanleitung s. Unterrichtsbeispiel „Verkehrsschilder-Buch)

Denken-Austauschen-Vorstellen (Think-Pair-Share)
Die Teammitglieder denken über eine gemeinsame Aufgabe nach und lösen diese zunächst individuell. Anschließend findet ein Austausch statt, indem die Teilnehmer über ihre Antworten sprechen und ihre Ergebnisse vergleichen. Der Austausch der Ergebnisse und somit der individuellen Lösungswege bzw. Standpunkte ermöglicht den Schülerinnen und Schülern eine frühe Einsicht in unterschiedliche mögliche Lösungswege und Standpunkte. In einer letzten Phase werden die Ergebnisse einem anderen Team bzw. in der Klasse präsentiert. Think-Pair-Share bildet im Wesentlichen auch das Grundkonzept der anderen Lernformen.

Fischgräte (Fishbone)
Diese Darstellung ist eine Diagrammform, bei der sich die Gruppenmitglieder Gedanken um die aufgestellte Fragestellung bzw. Problematik machen und diese dann stichpunktartig an den einzelnen „Gräten" anordnen. Dabei sortieren sie ihre Gedanken und fassen die Kernprobleme in übersichtlicher Form kurz und bündig zusammen.

Line-Up (Erzählkette)
Alle Teammitglieder müssen sich unter Berücksichtigung der Aufgabenstellung in einer Reihe aufstellen, beispielsweise indem sie einzelne Textauszüge gemeinsam wieder in die richtige Reihenfolge bringen (Textrekonstruktion).

Platzdeckchen (Placemat)
Für die Platzdeckchen-Methode werden idealerweise Vierergruppen gebildet. Gleich nach der Gruppenbildung und Klärung der Aufgabenstellung fangen die Gruppenmitglieder an, eigenständig zu arbeiten. Dafür erhält jede Arbeitsgruppe die jeweilige Aufgabe und die Platzdeckchen-Vorlage, auf dem jeder einen eigenen „Schreibbereich" hat. Die Mitte des Platzdeckchens wird für ein gemeinsames Gruppenergebnis nach Absprache freigehalten. Nach dem Austausch über die individuellen Lösungen bzw. Lösungswege entscheidet sich die Gruppe für ein gemeinsames Gruppenergebnis, das der Schreiber in das mittlere Feld einträgt. Abschließend stellt der Präsentator der Gruppe das Endergebnis der Klasse vor.

Schnittkreis (Venn-Diagramm)
Auf einem Papier werden je nach Anzahl der Gruppenmitglieder zwei oder drei sich überschneidende Kreise gezeichnet. Nachdem die Kreise nummeriert und den einzelnen Schülern zugeordnet werden sowie auch die Aufgabenstellung vorgestellt wird, schreibt jedes Teammitglied seine Ideen bzw. Vorschläge in „sein" Feld. Am Ende dieser Einzelarbeitsphase stellen die Teammitglieder ihre Ergebnisse nacheinander den anderen Kindern aus ihrer Gruppe vor. Sie einigen sich auf eine gemeinsame Lösung, die dann anschließend in die Schnittmenge geschrieben wird. Das Gruppenergebnis wird in der Präsentationsphase den anderen Gruppen vorgestellt.

Vier-Ecken-Gespräch (Four Corners)
In verschiedenen Ecken eines Raumes werden unterschiedliche Fragestellungen bzw. Positionen zu einem Thema angebracht. Die Schüler wählen eine bestimmte Position und stellen sich in die entsprechende Ecke. Hier diskutieren sie mit einem Partner ihren Standpunkt bzw. stellen ihre Ergebnisse vor.
Eine weitere Möglichkeit besteht darin, dass in den verschiedenen Ecken unterschiedliche Diskussionspunkte aufgehängt werden. Die Schüler stellen sich gruppenweise (ungefähr gleichgroße Gruppen) in den einzelnen Ecken auf und diskutieren in einer vorgegebenen Zeit über die Aufgabenstellung. Nach einem akustischen Signal wandern die Gruppen in die nächste Diskussionsecke.

[1] Hinweise zu den ausgewählten Methoden wurden übernommen aus: Murglat/Kalkavan (2012); vgl. auch Brüning/Saum (2006), Green/Green (2010), Huber (2004), Kalkavan (2010), Kalkavan (2011), Kalkavan/Özdil (2012).

Symbole

Neben den gebräuchlichen Symbolen werden folgende in diesem Band für Aufgabenformate verwendet:

Einzelarbeit

Partnerarbeit

Gruppenarbeit

Plenum

Zusatzaufgabe

Im Straßenverkehr

Wimmelbild zur Einführung der Leitfigur *Maulwurf Fluppi*

Methode Denken-Austauschen-Vorstellen (Think-Pair-Share)/Schnittkreis (Venn-Diagramm)

Fachliche Ziele Aktivierung des Vorwissen, Ideen und Fragestellungen entwickeln, Ergebnisse vergleichen, Gedanken strukturieren und ordnen, Ergebnisse präsentieren

Sozialziele Absprachen treffen, aufeinander warten, Hilfestellungen geben und aufeinander eingehen

Mögliche Rollen für die Partnerarbeit Lautstärkenregler, Materialmanager, Präsentator, Schreiber, Zeitmanager

Materialien Geschichte, für jede Gruppe zwei Wimmelbilder (DIN A4) und ein Schnittkreis (DIN A3), Aufgabenkarten für die Gruppen, Stift, Buntstifte

Hinweise Für die Durchführung sollten möglichst Zweiergruppen gebildet werden. Zur Visualisierung an der Tafel sollte das Wimmelbild auf DIN A2 vergrößert oder auf eine OHP-Folie gebracht werden. Der Umgang mit dem Schnittkreis sollte den Kindern vorab eingehend erläutert werden. Zum Abschluss der Unterrichtseinheit wird den Kindern der Protagonist der Unterrichtsreihe, Maulwurf Fluppi, vorgestellt. Die nachfolgenden Unterrichtseinheiten beginnen jeweils mit einer Fortsetzung der Geschichte.
Die Arbeit mit dem Wimmelbild kann zusätzlich sowohl zur Differenzierung für schnell arbeitende Kinder oder auch als Hausaufgabe fortgeführt werden.
Möglichkeiten der Differenzierung wären:

- Male das Bild aus!
- Schreibe Sätze mit deinen Wörtern!
- Was sieht Maulwurf Fluppi?

Aufgaben

1. Einstieg (Einzelarbeit): Die Kinder betrachten das Wimmelbild und schreiben Begriffe und Situationen dazu in ihren Teil des Schnittkreises.

2. Austausch (Partnerarbeit): Die Kinder lesen abwechselnd ihre Begriffe und Situationsbeschreibungen zum Bild vor. Anschließend erhalten sie die Aufgabe gemeinsam nur die Begriffe und Situationen zum Thema „Verkehr“ in den Schnittkreis zu schreiben.

3. Präsentation (Klassenplenum): Die Kinder tragen ihre Verschriftlichungen zusammen und klären erste Fachbegriffe. Der Protagonist der Unterrichtsreihe, Maulwurf Fluppi, wird den Kindern vorgestellt.

Maulwurf Fluppi entdeckt den Straßenverkehr (Geschichte I)

Maulwurf Fluppi lebt seit vielen, vielen Jahren in seiner Höhle unter der Stadt. Fluppi ist dort eigentlich ganz zufrieden. Tagsüber schläft er lange. Er trinkt Tee, wenn er aufwacht, fegt seine Höhle aus und trainiert ständig Purzelbäume, damit seine Arme stark und kräftig bleiben. Ihr müsst wissen, dass Maulwürfe zum Buddeln starke Arme brauchen! Wie sollen sie sonst aus ihrer Höhle herauskommen? Jede Nacht buddelt sich Fluppi aus seiner Höhle heraus, um etwas zum Essen zu suchen. Jede Nacht, bis auf heute! Oh jeh! Fluppi hat sich mit der Zeit vertan! Der Stadtverkehr ist sehr dicht und es ist sehr laut, als Fluppi vorsichtig seine kleine Stupsnase aus seiner Höhle streckt.
TUUT – hört er ganz nah an seinem Kopf. Erschreckt zieht er seinen Kopf wieder in die Höhle zurück. Sein Herz klopft furchtbar laut: Wumm, wumm, wumm.
Ihm wird ganz heiß. Doch Fluppi ist ein neugieriger kleiner Maulwurf.
Er denkt: „Ach, was soll`s! Hier unten ist es immer dunkel und langweilig. Ich möchte so gerne sehen, wie es tagsüber in der Stadt aussieht! Mir wird schon nichts passieren.“ Gesagt, getan! Fluppi klettert vorsichtig aus seiner Höhle und sieht sich erstaunt um ...

Wimmelbild: Im Straßenverkehr

1. Sieh dir das Bild genau an.
2. Was siehst du auf dem Bild?

   Schreibe in deinen Teil des Schnittkreises!

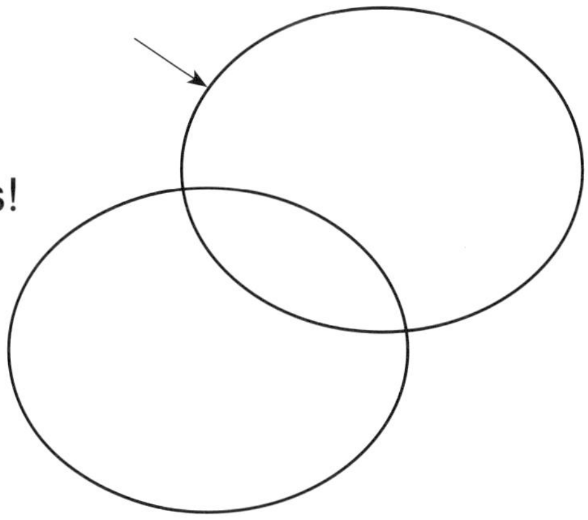

3. Lest euch abwechselnd eure Wörter vor.
4. Unterstreicht alle Wörter, die zum Thema Verkehr gehören.

   Schreibt diese Wörter in den Schnittkreis.

Wimmelbild: Im Straßenverkehr

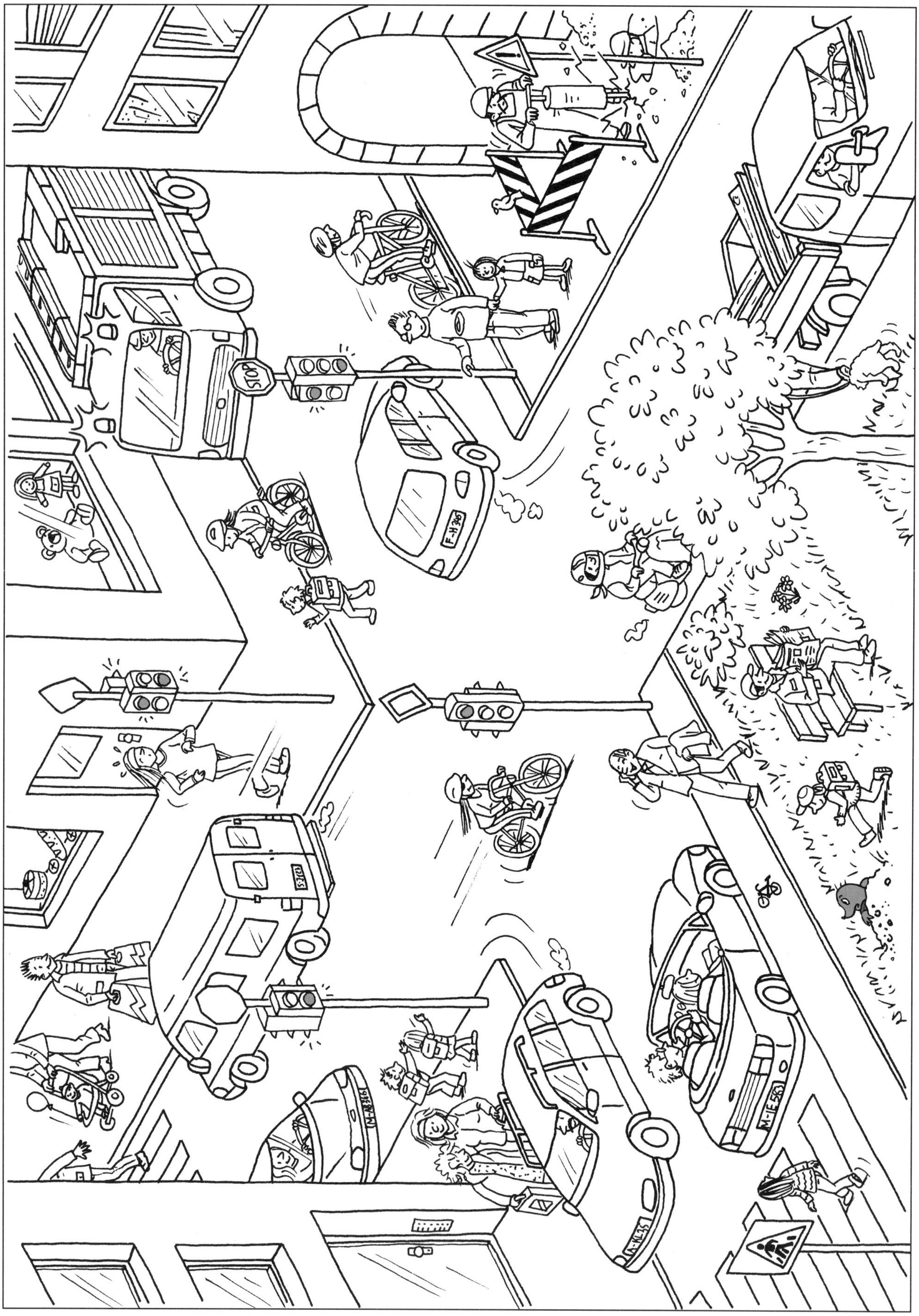

Die Ampel – Maulwurf Fluppi begegnet der Ampel

Methode Denken-Austauschen-Vorstellen (Think-Pair-Share)/Fischgräte (Fishbone)

Fachliche Ziele Anknüpfen an das Vorwissen, Phasen der Ampelschaltung sowie deren Bedeutung kennenlernen, Zuordnungen treffen, Übung des Leseverständnisses, Ergebnisse präsentieren und vergleichen

Sozialziele Absprachen treffen, aufeinander warten, Hilfestellungen geben und aufeinander eingehen

Mögliche Rollen für die Partnerarbeit Lautstärkenregler, Materialmanager, Präsentator, Vorleser, Zeitmanager

Materialien Fortsetzung Geschichte (II und III), für jede Gruppe eine Fischgräte (siehe Kopiervorlage S. 46 – auf DIN A3 vergrößern), zwei Aufgabenkarten (DIN A5), ein Ausschneideblatt (Bilder), ein Ausschneideblatt (Sätze), Stift, Buntstifte; evtl. CD: Mile male mule, ich gehe in die Schule

Hinweise Zum Einstieg in diese Unterrichtseinheit sollte das Bild von Maulwurf Fluppi an der Tafel visualisiert werden (DIN A3). Anhand dieses Bildes wird sowohl an das Vorwissen der Kinder als auch an die Einführung der Geschichte aus der vorangegangenen Unterrichtsstunde angeknüpft. Nachfolgend wird die Geschichte weiter vorgelesen oder frei erzählt. Im Anschluss daran erarbeiten die Kinder in Zweierteams das Verhalten von Fußgängern und Autofahrern während der roten und grünen Ampelphase. Dazu erhält jedes Team sowohl das Arbeitsblatt „Bilder“ als auch das Arbeitsblatt „Sätze“. Die Zuteilung dieser differenzierten Arbeitsblätter innerhalb eines Teams ermöglicht der Lehrperson den individuellen Lernvoraussetzungen der Kinder zu entsprechen. Selbstverständlich ist es auch möglich, die Kinder ihr Arbeitsblatt selbst wählen zu lassen. Freibleibende Gräten auf der Fischgräte dürfen die Kinder, je nach Leistungsvermögen, selbst beschreiben.
Zum Erlernen der Bedeutung der einzelnen Ampelphasen kann das Lied *„Josefine heißt die Ampel“*[1] von Detlef Jöcker einbezogen werden.
Bevor die Kinder an die Bearbeitung der Arbeitsaufgabe gehen, sollte der Unterschied zwischen einer Fußgängerampel und einer Ampel für Fahrzeuge thematisiert werden.

Aufgaben

1. Einstieg (Einzelarbeit diff.): Die Kinder schneiden
   a) die Bilder oder
   b) die Sätze des Arbeitsblattes aus.

2. Austausch (Partnerarbeit): Die Kinder malen die Ampelmännchen auf der Fischgräte in den entsprechenden Farben aus. Danach ziehen sie abwechselnd ein Bild oder einen Satzstreifen und entscheiden gemeinsam, zu welchem Ampelmännchen der Fischgräte sie dies zuordnen und aufkleben.

3. Austausch (mit einem anderen Team): Sobald ein Team seine Arbeit beendet hat geht dies zu einer vorbereiteten Insel (Teppichfliesen oder Holzreifen) im Klassenraum oder Flur und tauscht dort sein Arbeitsergebnis mit einem anderen Team aus.

[1] Audiobook/Audio CD: Lied „Ampel Josefine“. Text: Lore Kleikamp; Musik: Detlev Jöcker aus: Jöcker, Detlev (2004): Mile male mule, ich gehe in die Schule/Fröhliche und motivierende Lieder für die erste Schulzeit

Maulwurf Fluppi begegnet der Ampel

(Fortsetzung der Geschichte II)

Fluppi hatte also beschlossen zu sehen was tagsüber, während die anderen Maulwürfe alle tief schliefen, in der Stadt passierte. Vorsichtig klettert er aus seiner Höhle heraus.

„Pass doch auf, du blinder Maulwurf“, schreit ihm ein wütender Autofahrer an den Kopf. Und gleich danach hört er ein furchtbares Tuten kurz vor ihm! „Oh, jeh!“, denkt Fluppi, „Wie soll ich nur heil über die Straße kommen?“ Plötzlich sieht er eine Frau mit einem Bollerwagen und einem Kind mit einer Schultasche auf sich zukommen. Das Kind trägt eine lustige Kappe. Ohne lange nachzudenken, klettert Fluppi in den Bollerwagen. Nun fühlt er sich sicher und geschützt. Nach einiger Zeit aber bleiben die Frau und der Junge stehen. Fluppi streckt seinen Kopf aus dem Bollerwagen und denkt: „Komisch, warum gehen die beiden nicht weiter?“ Auf der gegenüberliegenden Seite der Straße sieht Fluppi eine lange Stange mit einem Kasten obendrauf. In diesem Kasten leuchtet etwas Rotes. Von links und rechts sausen Autos, LKWs und Motorräder an ihnen vorbei. Erschreckt zieht Fluppi seinen Kopf wieder ein. Er sieht, wie sich die Mutter zu dem Jungen herabbeugt und sagt: „Wir müssen jetzt warten, weil die Ampel für uns Fußgänger rot leuchtet. Während wir warten, leuchtet die Ampel für die Autofahrer grün und diese dürfen fahren. Erst wenn die Ampel für uns grün leuchtet, dürfen wir gehen. Dann müssen die Autofahrer warten.“

Maulwurf Fluppi begegnet der Ampel

(Fortsetzung der Geschichte III)

„Ach, so!“, denkt Fluppi, „der große Kasten heißt also Ampel. Wenn die Ampel rot leuchtet muss ich stehen bleiben und die Autos dürfen fahren. Leuchtet die Ampel grün, darf ich über die Straße gehen und die Autos müssen warten. Das ist ja ganz einfach!“ Schon hüpft Fluppi fröhlich aus dem Bollerwagen und probiert gleich aus, was er über die Ampel gelernt hat.

An der Ampel (1)

1. Schneide die Bilder aus.
2. Sieh dir die Bilder genau an.

1. Malt die Ampelmännchen auf der Fischgräte in der richtigen Farbe aus.
2. Stellt abwechselnd eure Bilder und Sätze vor.
   Entscheidet gemeinsam, zu welchem Ampelmännchen auf der Fischgräte die Bilder und Sätze passen.
3. Klebt die Bilder und Sätze auf.

1. Trefft euch mit einem anderen Team auf einer Insel.
2. Vergleicht eure Fischgräten.
   Habt ihr die Bilder und Sätze richtig zugeordnet?

---

1. Schneide die Sätze aus.
2. Lies die Sätze.

1. Malt die Ampelmännchen auf der Fischgräte in der richtigen Farbe aus.
2. Stellt abwechselnd eure Bilder und Sätze vor.
   Entscheidet gemeinsam, zu welchem Ampelmännchen auf der Fischgräte die Bilder und Sätze passen.
3. Klebt die Bilder und Sätze auf.

1. Trefft euch mit einem anderen Team auf einer Insel.
2. Vergleicht eure Fischgräten.
   Habt ihr die Bilder und Sätze richtig zugeordnet?

An der Ampel (2)

Die Ampel ist rot.
Die Kinder und Erwachsenen warten.

Die Ampel ist grün.
Die Kinder und Erwachsenen gehen über die Straße.

Die Ampel ist rot.
Die Autos dürfen fahren.

Die Ampel ist grün.
Die Autos müssen anhalten.

Hinweis: Ausschneidebilder möglichst im Längenformat auf einer DIN-A3 vergrößerten Gräte der Fischgräten-Vorlage kleben.

Richtige Kleidung – Maulwurf Fluppi zieht sich im Straßenverkehr gut sichtbar an

Methode	Denken-Austauschen-Vorstellen (Think-Pair-Share)
Fachliche Ziele	Aktivierung des Vorwissen, Wirkung von dunkler und heller Kleidung im Straßenverkehr erkennen, Ideen und Lösungen entwickeln, Vorschläge vergleichen, Sicherung des erworbenen Wissens, Ergebnisse einer anderen Gruppe präsentieren
Sozialziele	Aufeinander warten, Austauschen mit dem Partner, Hilfestellungen geben und aufeinander eingehen
Mögliche Rollen für die Partnerarbeit	Lautstärkenregler, Materialmanager, Präsentator, Schreiber, Zeitmanager
Materialien	Fortsetzung der Geschichte (IV), für jedes Team zwei Aufgabenblätter, Stift, Buntstifte
Hinweise	Für die Durchführung sollten möglichst Zweiergruppen gebildet werden. Nachdem die Fortsetzung der Geschichte (IV) vorgelesen oder erzählt wurde, erarbeiten die Kinder in Einzelarbeit eine Erklärung, warum Fluppi vom Fahrradfahrer nicht gesehen wird. Das einleitende Bild des Arbeitsblattes dient insbesondere leistungsschwächeren Kindern als visuelle Hilfe. Im Anschluss daran stellen die Kinder ihre Erklärungen gegenseitig vor und entwickeln Lösungen, um Fluppi im Dunkeln sichtbarer zu machen. Die Ausmalbilder in dieser Phase dienen der Sicherung des erworbenen Wissens über die Vor- und Nachteile von heller und dunkler Kleidung im Straßenverkehr. Kinder, die diese Wechselwirkung noch nicht verinnerlicht haben, erhalten Unterstützung durch ihren Teampartner. Zum Schluss der Stunde tauschen jeweils zwei gegenübersitzende Teams ihre Arbeitsergebnisse aus.
Aufgaben	1. Einstieg (Einzelarbeit): Die Kinder schreiben auf, warum Fluppi von dem Fahrradfahrer nicht gesehen wird. 2. Austausch (Partnerarbeit): Die Kinder stellen ihren Partnern abwechselnd ihre Erklärungen vor. Gemeinsam überlegen sie, wie Fluppi im Straßenverkehr zu helfen wäre, um gut sichtbar zu sein. Danach wenden die Kinder ihre Lösungsvorschläge an, indem sie Fluppis Kleidung passend anmalen. 3. Austausch (mit einem anderen Team): Die Kinder tauschen ihre Arbeitsgerbnisse mit dem anderen Team am Gruppentisch aus.

Maulwurf Fluppi zieht sich im Straßenverkehr gut sichtbar an

(Fortsetzung der Geschichte IV)

Nachdem Fluppi nun gelernt hat, wie man mithilfe der Ampel ohne Gefahr eine Straße überquert, übt er:

Rotes Ampelmännchen –
ich bleibe stehen und die Autos dürfen fahren.

Grünes Ampelmännchen –
ich darf gehen und die Autos müssen warten.

Immer und immer wieder wartet er bei rot und läuft bei grün über die Straße.
Fluppi merkt gar nicht, wie die Zeit vergeht. Es wird dunkler und dunkler. Immer weniger Menschen stehen jetzt noch mit Fluppi vor der Ampel und warten. Fluppi denkt: „Oh! Es ist schon ganz dunkel. Noch einmal üben und dann gehe ich nach Hause." Doch kaum hat Fluppi dies zu Ende gedacht, sieht er einen hellen Lichtschein auf sich zukommen. Erschrocken schreit er laut auf. Der Mann auf dem Fahrrad kommt ins Straucheln und schreit wütend: „Hey! Beinahe hätte ich dich überfahren. Wie soll man dich denn im Dunkeln erkennen? Geh nach Hause und zieh dir was anderes an!"

Fluppi läuft mit hängendem Kopf zu seiner Maulwurfhöhle zurück. Den ganzen Abend denkt er über die Worte des Fahrradfahrers nach. Was meinte der Mann damit: „Wie soll man dich denn im Dunkeln erkennen? Geh nach Hause und zieh dir was anderes an!"

Fluppi im Straßenverkehr

1.  Sieh dir das Bild genau an.
2.  Warum sieht der Fahrradfahrer Fluppi nicht?

___

1.  Lest euch abwechselnd eure Erklärung vor.
2.  Wie kann Fluppi auch im Dunkeln gesehen werden?

___

3.  Lest die Sätze unter den Bildern.
4.  Malt die Bilder richtig an.

So ist Maulwurf Fluppi im Dunkeln schlecht zu sehen.

So ist Maulwurf Fluppi im Dunkeln gut zu sehen.

So ist Maulwurf Fluppi auch im Regen gut zu sehen.

Verkehrszeichen – Maulwurf Fluppi im Wald der Verkehrsschilder

Methode
Vier-Ecken-Gespräch (Four Corners)/Buddy-Book

Fachliche Ziele
Aktivierung des Vorwissen, Bedeutung der Verkehrsschilder *Fußgängerüberweg, Gehweg, Stopp-Schild, Achtung-Schild* kennenlernen, geometrische Form der Schilder erkennen und benennen, Ideen formulieren und austauschen, Vorschläge vergleichen, Ergebnisse zusammenfassen und mitteilen, Arbeitsergebnisse vergleichen und kontrollieren

Sozialziele
Austauschen in der Gruppe, gegenseitig zuhören, aufeinander warten, Hilfestellungen geben und aufeinander eingehen, Leistung anderer anerkennen

Mögliche Rollen für die Partnerarbeit
Ermunterer, Lautstärkenregler, Materialmanager, Schreiber, Zeitmanager, Zusammenfasser

Materialien
Fortsetzung der Geschichte (V), Verkehrszeichen-Schilder, Verkehrsschilder-Arbeitsblatt, Arbeitsblätter „Male aus“ und „Muster“, DIN-A4-Blätter zum Falten des Buddy-Books, Bild/Textblatt, Aufgabenkarte, Stift, Buntstifte, Schere, Kleber

Hinweise
Zur Anknüpfung an die vorausgegangene Unterrichtsstunde sollte den Kindern das Bild von Maulwurf Fluppi in seiner Höhle (siehe S. 21) präsentiert werden. Die Kinder wiederholen den bisherigen Verlauf der Geschichte. Anschließend wird die Fortsetzung (V) vorgelesen oder erzählt. Die Geschichte stoppt an der Stelle, an der Fluppi einen Mann um Informationen über die vier Verkehrsschilder bittet. Diese Schilder (Stopp-Schild, Achtung-Schild, Fußgängerüberweg, Gehweg) sollten nun in den Ecken des Klassenzimmers gut sichtbar angebracht werden. Die Kinder erhalten den Auftrag sich einem Verkehrsschild zuzuordnen. Im nächsten Schritt tauschen die in einer Ecke versammelten Kinder ihr Wissen darüber aus. Der Arbeitsauftrag hierzu ist in jeder Ecke visualisiert. Eingeleitet durch ein akustisches Signal wechseln die Kinder zur nächsten Ecke (Uhrzeigersinn). Auch hier sollen sie den Namen und die Bedeutung des jeweiligen Schildes diskutieren. Die Kinder rotieren so lange, bis sie wieder in ihrer Ausgangsecke angekommen sind. Nun bestimmt die Gruppe einen Zusammenfasser. Der Zusammenfasser berichtet dem Klassenplenum die Arbeitsergebnisse der Gruppe. Sollten sich die Kinder den Ecken in sehr ungleicher Zahl zuordnen, besteht die Möglichkeit die Kinder tischweise zuzuteilen. Das Vier-Ecken-Gespräch lässt sich durch den Einsatz des Verkehrsschilder-Arbeitsblatt ergänzen (s. Kopiervorlage). Die Kinder werden aufgefordert, individuell oder als Gruppe, ihr Arbeitsergebnis in jeder Ecke zu verschriftlichen. Die Arbeitsblätter (Verkehrszeichen) „Male aus“ und „Muster“ dienen der Zuordnung der Schilder zur geometrischen Form und liegen in differenzierter Form vor. Dabei ist es möglich, diese Aufgaben für schnell arbeitende Teams einzusetzen oder auch als Hausaufgabe.
Die Herstellung des Buddy-Books sollte erst in der nächsten Unterrichtsstunde erfolgen und dient sowohl der Festigung als auch der Sicherung des erworbenen Wissens über die Verkehrsschilder. Darüber hinaus bietet das Buddy-Book leistungsstärkeren Kindern die Gelegenheit zusätzliches Wissen über andere Verkehrsschilder einzubringen und zu dokumentieren.

Aufgaben
A. Vier-Ecken-Gespräch
Materialien: Verkehrszeichen-Schilder, Aufgabenkarte (DIN-A3) in jeder Ecke, Verkehrsschilder-Arbeitsblatt, Arbeitsblätter „Verkehrszeichen“ und „Muster“, Stift, Buntstifte

1. Einstieg: Die Kinder finden sich in Gruppen in den vier Ecken des Klassenraums zusammen.
2. Arbeitsphase (Gruppe): Die Kinder erhalten an jeder Ecke den Arbeitsauftrag sich in ihrer Gruppe über die Bedeutung des jeweiligen Schildes auszutauschen. Dieser Austausch kann mithilfe des Verkehrsschilder-Arbeitsblattes verschriftlicht werden. Die Kinder rotieren so lange, bis sie alle Ecken durchlaufen haben. Zum Schluss dieser Phase bestimmt jede Gruppe einen Zusammenfasser.

3. Zusammenfassung (Klassenplenum): Die Zusammenfasser der einzelnen Gruppen stellen der Klasse ihre Arbeitsergebnisse vor. Unklarheiten oder Ergänzungen zur Bedeutung der Verkehrsschilder werden gemeinsam geklärt. Die Bezeichnung der geometrischen Form der Schilder wird erarbeitet.

B. Buddy-Book
Materialien: DIN-A4-Blätter zum Falten des Buddy-Books, Bild/Textblatt, Aufgabenkarte, Verkehrsschilder, Stift, Buntstifte, Schere, Kleber

Hinweise: Die Arbeitsschritte zum Falten des Buddy-Books sollten zunächst gemeinsam mit den Kindern durchgeführt werden. Es empfiehlt sich diese an der Tafel zu visualisieren. Anschließend sollten die Arbeitsanweisungen sowie die Anordnung von Text und Bild im Buddy-Book besprochen werden. Zentrale Begriffe wie Deckseite, Seite und Rückseite müssen den Kindern verständlich sein. Zur Veranschaulichung der Farben der Verkehrszeichen sollten Modelle oder Bilder im Klassenraum vorhanden sein. Das Deckblatt dürfen die Kinder frei gestalten. Die frei bleibenden Seiten im Buddy-Book können die Kinder zum Malen weiterer Verkehrsschilder nutzen. Auf der letzten Seite des Buches sollen die Kinder ihr Lieblingsschild malen.

1. Im Klassenplenum wird das Verkehrszeichen-Buch (Buddy-Book) gefaltet.
2. Einzelarbeit: Die Kinder sehen sich die Bilder an und lesen die Textkarten. Sie schneiden beides aus und ordnen passend zu. Im Anschluss daran kleben die Kinder jeweils ein Bild und den dazugehörigen Text auf eine Seite im Buch. Die Nummerierung erleichtert leistungsschwächeren Schülern die Zuordnung. Zum Schluss malen die Kinder die Schilder in den richtigen Farben aus. Die restlichen Seiten des Buches bieten Platz zum Malen weiterer Schilder und auch des eigenen Lieblingsverkehrsschildes.
3. Austausch (mit dem Partner): Die Kinder stellen sich gegenseitig ihr Verkehrsschilder-Buch vor und kontrollieren dabei.

Verkehrsschilder-Buch (Buddy-Book)

So falten Sie mit den Kindern ein Buddy-Book:

Erstellen eines Faltbüchleins

1. Falte das Blatt entlang der langen Mittellinie.

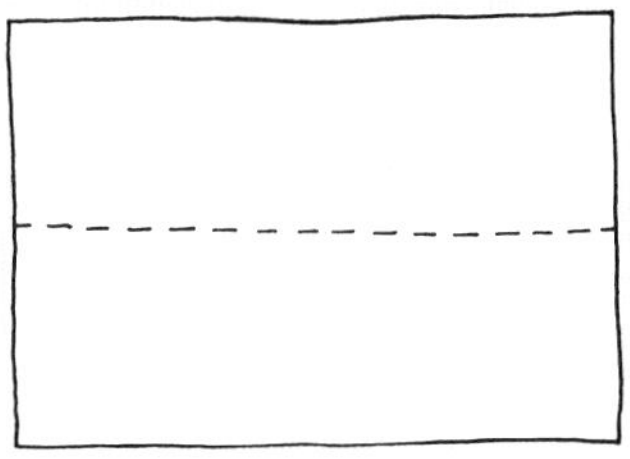

2. Falte es dann wieder auseinander.

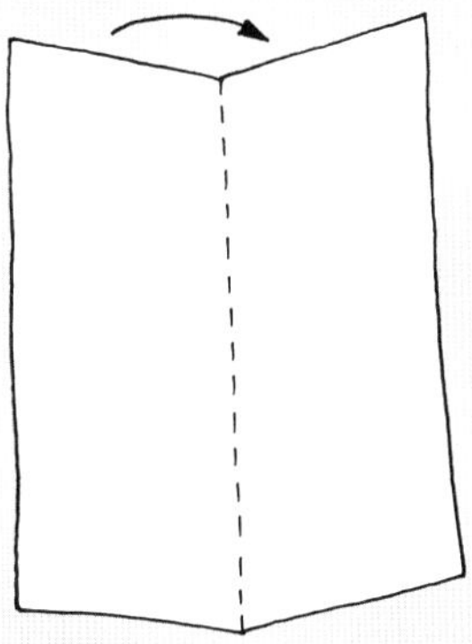

3. Falte das Blatt entlang der kurzen Mittellinie.

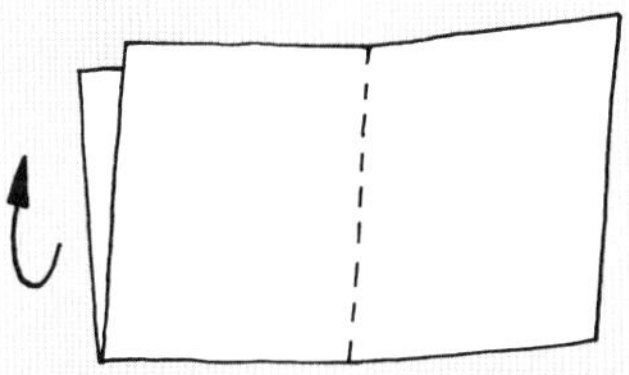

4. Falte die Kanten nach außen zur Mittellinie (es entsteht ein längliches Leporello).

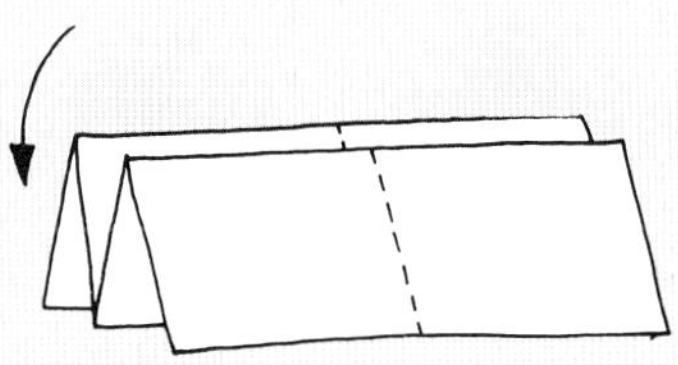

5. Falte die Kanten nun wieder auseinander und schneide das Blatt im DIN-A5-Format an der geschlossenen Seite bis zur Mitte (Knick) ein. Das Blatt besteht nun aus acht gleichgroßen Rechtecken in DIN-A7-Größe.

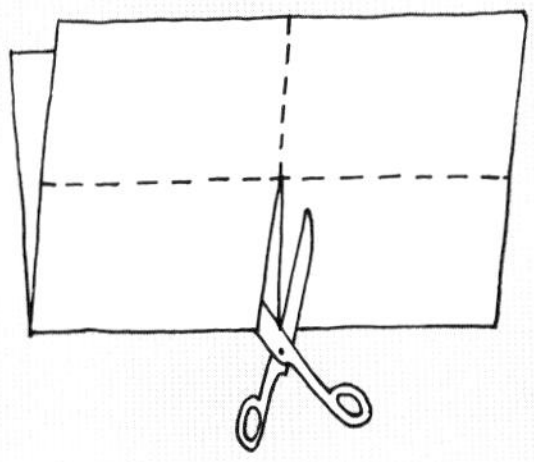

6. Falte das Blatt wieder auseinander zum DIN-A4-Format. Das Blatt hat einen Schlitz in der Mitte.

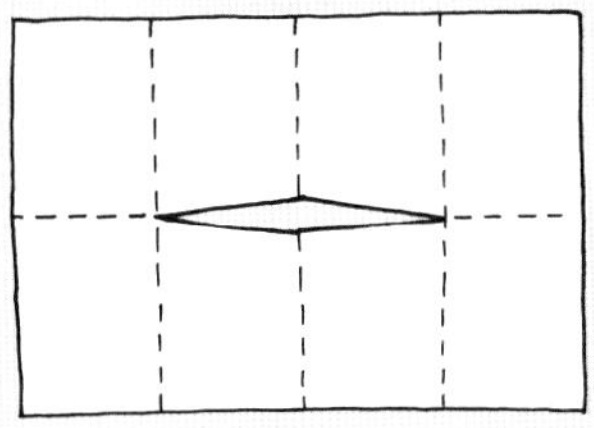

7. Falte das Blatt erneut an der langen Mittellinie zusammen und schiebe die äußeren Kanten zusammen, sodass du ein Heft in DIN-A7-Größe erhältst.

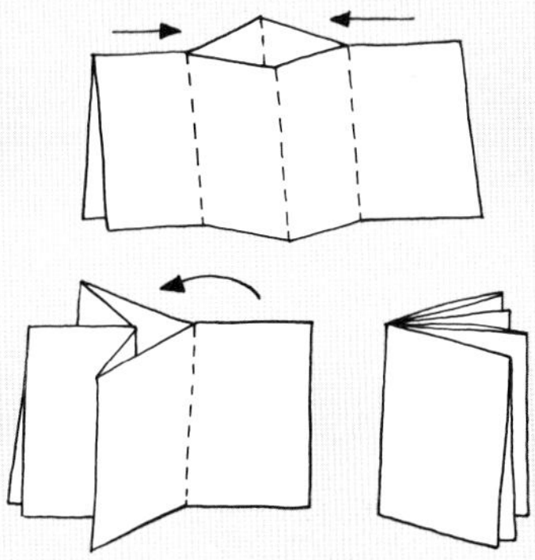

Maulwurf Fluppi im Wald der Verkehrsschilder

(Fortsetzung der Geschichte V)

Obwohl Fluppi immer und immer wieder darüber nachdachte, was der Fahrradfahrer zu ihm gesagt hatte, wollte ihm keine Lösung für sein Problem einfallen. Plötzlich klopft es an der Tür. Seine Freundin Tini tritt fröhlich ein: „Guten Abend, Fluppi! Wie war dein Tag?“ Fluppi seufzt: „Ach Tini, wenn du wüsstest!“ Und nachdem er Tini alles erzählt hatte, denkt diese ebenfalls nach. Auf einmal springt sie mit einem solchen Satz in die Höhe, dass sie sich den Kopf an der niedrigen Höhlendecke stößt. „Verflixt“, ruft sie laut und reibt sich die schmerzende Stelle. „Fluppi, der Fahrradfahrer war wütend, weil er dich im Dunkeln nicht gesehen hat! Denk doch mal nach! Wir Maulwürfe sind schwarz. Und die Nacht ist auch schwarz! Du musst etwas Helles anziehen oder tragen, damit man dich im Dunkeln in der Stadt nicht umfährt. Zieh morgen deinen schönen gelben Pulli für den Winter an! Damit passiert dir bestimmt nichts.“ – Gesagt, getan.

Am nächsten Morgen zieht Fluppi seinen leuchtend gelben Winterpullover an und klettert voller Vorfreude aus seiner Höhle. Doch vor lauter Aufregung hat er den falschen Ausgang gewählt. Anstatt wie gestern vor der Ampel zu stehen, steht er nun vor einem großen Schild. Das Schild hat acht Ecken und ist in der Mitte rot. Mit weißer Schrift steht darauf „Stop“. „Hier darf ich wohl nicht weitergehen“, vermutet Fluppi. Er dreht sich um. Da steht noch ein Schild. Es ist ein rotes Dreieck mit einem weißen Dreieck und einem schwarzen Ausrufezeichen in der Mitte. Fluppi dreht sich noch einmal um. Da sieht er ein rundes, blaues Schild mit einer Frau die ein Kind an der Hand hält. „Dürfen da wohl auch Maulwürfe langgehen?“, fragte sich Fluppi laut. „Da drüben sehe ich ja noch ein Schild!“ Dieses hat vier Ecken und ist blau mit einem weißen Dreieck in der Mitte. Ein Mensch ist darauf zu sehen. Fluppi nimmt all seinen Mut zusammen, läuft zu einem freundlich aussehenden Mann in einer blauen Uniform und fragt: „Entschuldigen Sie bitte. Können Sie mir erklären, was diese Schilder bedeuten? Ich weiß nicht, wie ich auf die andere Seite der Straße komme!“

Verkehrsschilder

Name: ______________________________

Überlegt gemeinsam!

1. Wie heißt das Verkehrsschild?
2. Was bedeutet das Schild?

Schreibe auf. Wie heißt das Schild?

____

Was bedeutet dieses Schild?

____

Schreibe auf. Wie heißt das Schild?

____

Was bedeutet dieses Schild?

____

Schreibe auf. Wie heißt das Schild?

____

Was bedeutet dieses Schild?

____

Schreibe auf. Wie heißt das Schild?

____

Was bedeutet dieses Schild?

____

Verkehrszeichen

Male aus.

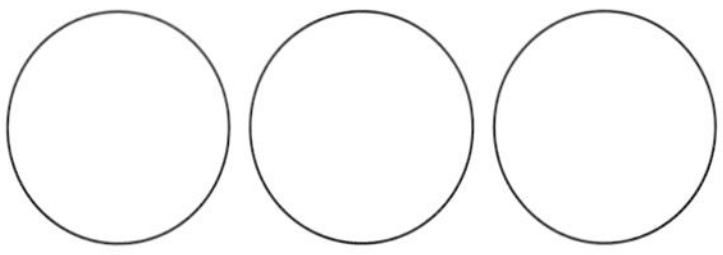

Wie heißt diese Form? ____________

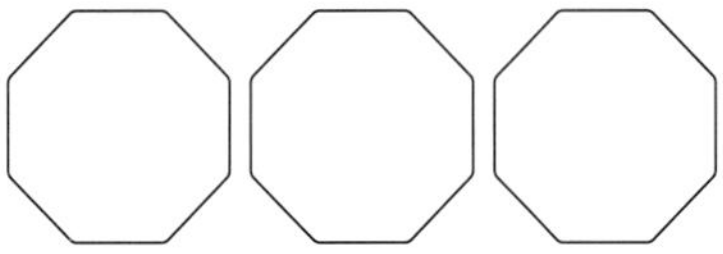

Wie heißt diese Form? ____________

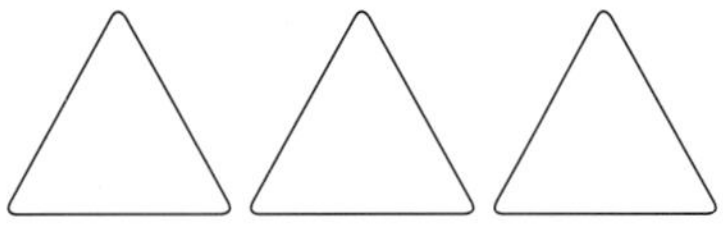

Wie heißt diese Form? ____________

Wie heißt diese Form? ____________

Muster

1. Wie heißt die Form? Schreibe auf.

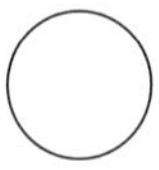 ____________________

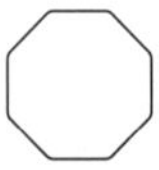 ____________________

 ____________________

 ____________________

Tipp: Achteck, Kreis, Dreieck, Viereck

2. Setze das Muster fort. Male aus.

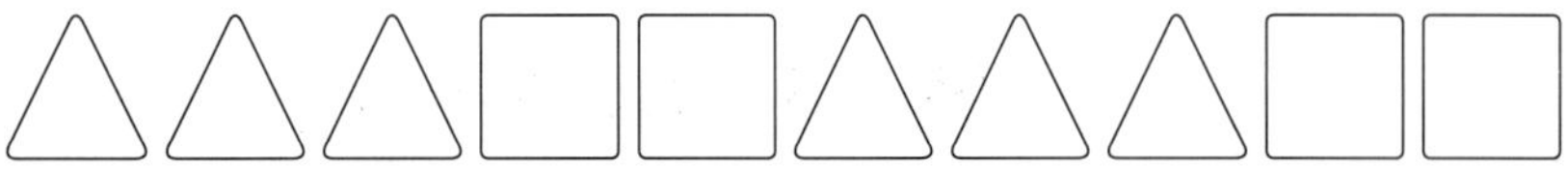

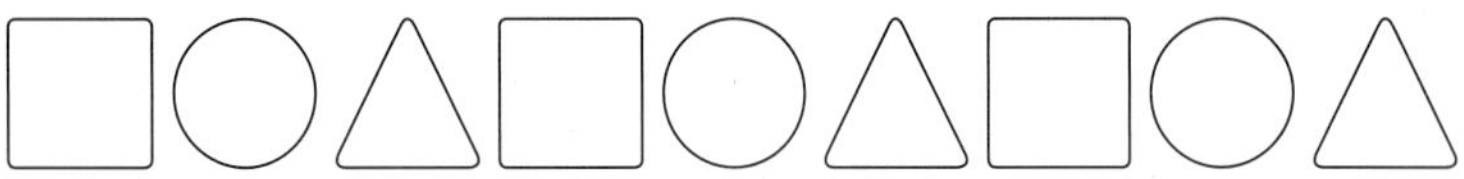

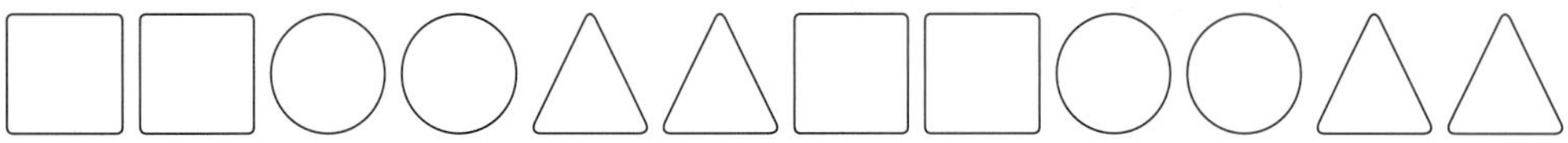

Das Verkehrszeichen-Buch

1.

2.

3.

4.

4. Dieser Weg ist nur für Fußgänger.

   Radfahrer dürfen hier nicht fahren.

1. Bei einem Stopp-Schild musst du stehen bleiben.

   Alle Fahrzeuge von rechts und links dürfen fahren.

3. Hier kannst du über die Straße gehen.

   Warte aber erst, bis alle Autos weg sind.

2. Dieses Schild möchte dich warnen.

   Es bedeutet: Achtung!

Verkehrszeichen-Buch

1. Schau dir die Bilder an.
   Lies die Sätze.

2. Schneide die Sätze aus.
   Ordne die Sätze den Bildern zu.

3. Klebe immer ein Bild mit dem passenden Text auf eine Seite.

4. Male die Schilder richtig aus.

5. Schreibe deinen Namen auf die Deckseite des Buches.

6. Vergleiche dein Buch mit dem deines Partners.
   Kontrolliert die Farben der Schilder!

Der Verkehrspolizist – Maulwurf Fluppi begegnet einem Verkehrspolizisten

Methode Platzdeckchen (Placemat)/Denken-Austauschen-Vorstellen (Think-Pair-Share)

Fachliche Ziele Aktivierung des Vorwissen, Berufsbild des Verkehrspolizisten kennenlernen, Abbau von Ängsten oder Vorurteilen gegenüber Verkehrspolizisten, Sensibilisierung für die Schutzfunktion von Polizisten, Bedeutung der Verkehrsschilder (Fußgängerüberweg, Gehweg, Stop-Schild, Achtung-Schild) anwenden, Ideen formulieren und austauschen, Vorschläge vergleichen, Ergebnisse zusammenfassen und mitteilen, Arbeitsergebnisse vergleichen und kontrollieren

Sozialziele Austauschen in der Gruppe, gegenseitig zuhören, aufeinander warten, Hilfestellungen geben und aufeinander eingehen, Leistung anderer anerkennen

Mögliche Rollen für die Partnerarbeit Ermunterer, Lautstärkenregler, Materialmanager, Präsentator, Schreiber, Zeitmanager, Zusammenfasser

Materialien Fortsetzung der Geschichte (VI), Verkehrszeichen-Schilder, Verkehrszeichen-Buch (Buddy-Book), Einstiegsbild, Zeichnung eines Verkehrspolizisten (zur Visualisierung/ggf. zum Ausmalen), Aufgabenkarte, Placemat-Blatt (DIN A3), Stift, Buntstifte

Hinweise Nachdem die Kinder in der vorangegangenen Unterrichtseinheit die Bedeutung der vier Verkehrsschilder erarbeitet haben, verbinden sie dieses Wissen nun mit den Aufgaben eines Verkehrspolizisten. Dazu wird den Kindern zunächst die Fortsetzung der Geschichte (VI) vorgelesen oder frei erzählt. Im Anschluss daran erarbeiten die Kinder an ihrem Gruppentisch (Vierergruppe) zunächst in Einzelarbeit, welche Aufgaben ein Polizist im Straßenverkehr hat. Dazu muss vorab vereinbart werden, welchem Kind welches Feld des Platzdeckchens zugeordnet wird. Am einfachsten ist es, wenn die Kinder ihren Namen in das jeweilige Feld schreiben. Die Kinder dürfen ihre Ideen auch in Bildern visualisieren. Schreibschwache Kinder erhalten durch die Teammitglieder Hilfestellung beim Schreiben oder erhalten nur den Malauftrag. Danach stellen sich die Kinder ihre Arbeitsergebnisse gegenseitig vor. Nun erhalten sie die Aufgabe, die Antwort des Verkehrspolizisten an Fluppi zu antizipieren. Sie sollen gemeinsam besprechen und entscheiden, bei welchem Verkehrsschild Fluppi über die Straße gehen darf. Dazu dürfen die Kinder sowohl die in der Klasse bereitliegenden Verkehrsschilder als auch ihr selbst erstelltes Verkehrszeichen-Buch als Hilfestellung benutzen. Zum Schluss bestimmen die Kinder einen Präsentator der die Arbeitsergebnisse dem Klassenplenum präsentiert. Die Arbeitsergebnisse der einzelnen Gruppen zum Aufgabenfeld eines Verkehrspolizisten sollte von der Lehrperson auf einem Plakat festgehalten werden. Dieses Plakat könnte anschließend im Klassenraum ausgestellt werden und entsprechend den Erfahrungen der Kinder fortlaufend erweitert werden. In diesem Zusammenhang wäre es sinnvoll den örtlichen Verkehrspolizisten zu einem Interview in die Klasse einzuladen.

Aufgaben Platzdeckchen

1. Einstieg (Einzelarbeit (Think)): Die Kinder schreiben auf, welche Aufgaben ein Verkehrspolizist im Straßenverkehr hat. Die Kinder malen ein Bild dazu.
2. Austausch (Gruppenarbeit (Pair)): Die Kinder stellen ihren Partnern abwechselnd ihre Ideen vor. Gemeinsam überlegen sie nun, welche Antwort der Verkehrspolizist Fluppi wohl geben wird. Bei welchem der vier Schilder darf Fluppi über die Straße gehen? Die gemeinsam erarbeitete Lösung wird in die Mitte des Arbeitsblattes geschrieben.
3. Vorstellen (Klassenplenum (Share)): Der Präsentator der Gruppe präsentiert die Ideen der Gruppe. Die Vorschläge der Kinder werden von der Lehrperson an der Tafel zusammengetragen.

Maulwurf Fluppi begegnet einem Verkehrspolizisten

(Fortsetzung der Geschichte VI)

Nachdem Fluppi all seinen Mut zusammengenommen hat, bittet er den freundlich aussehenden Mann also um Hilfe. Dieser sieht erstaunt auf Fluppi herunter und sagt: „Nanu! Wer bist denn du? Einen Maulwurf habe ich hier in der Stadt noch nie gesehen!“ Fluppi antwortet: „Ich heiße Fluppi. Ich wohne dort drüben unter dem Hügel. Ich habe mich verlaufen und möchte auf die andere Straßenseite. Bisher weiß ich nur, wie ich mithilfe der Ampel über die Straße komme. Hier steht aber keine Ampel!“

Da lacht der freundliche Herr: „Da hast du aber Glück, dass du ausgerechnet mich getroffen hast. Ich bin nämlich ein Polizist. Und zwar ein ganz besonderer. Ich bin ein Verkehrspolizist!“

Der Verkehrspolizist

Der Verkehrspolizist

1. Welche Aufgabe hat ein Polizist im Straßenverkehr?
   Schreibe in dein Feld!

2. Male ein Bild dazu.

1. Lest abwechselnd eure Ideen vor.

2. Bei welchem Schild darf Fluppi über die Straße gehen?
   Schreibt oder malt das Schild in die Mitte des Blattes.

3. Bestimmt ein Kind, das euer Ergebnis der Klasse vorstellt.

Richtig über die Straße gehen – Maulwurf Fluppi muss die Straße überqueren

Methode Platzdeckchen (Placemat)/Denken-Austauschen-Vorstellen (Think-Pair-Share)

Fachliche Ziele Aktivierung des Vorwissen, Verkehrshilfen und Regeln zur Straßenüberquerung kennenlernen, Reflexion eigener Erfahrungen zur Straßenüberquerung, Bedeutung der Regeln anwenden, Ideen formulieren und austauschen, Vorschläge vergleichen, Ergebnisse zusammenfassen und vergleichen

Sozialziele Gegenseitig zuhören, aufeinander warten, Hilfestellungen geben und aufeinander eingehen, Leistung anderer anerkennen

Mögliche Rollen für die Partnerarbeit Ermunterer, Lautstärkenregler, Materialmanager, Präsentator, Schreiber, Zeitmanager

Materialien Fortsetzung der Geschichte (VII); eine Platzdeckchen-Vorlage pro Gruppe; zwei Wimmelbilder pro Tischgruppe; je ein Arbeitsblatt „Eine Straße richtig überqueren" pro Kind (ggf. zusätzliche Arbeitsblätter)

Hinweise

Für diese Unterrichtseinheit sind zwei Methoden vorgesehen. In einer Einstiegseinheit zum Thema „Straßenüberquerung" soll die Platzdeckchen-Methode dazu genutzt werden, dass die Kinder überlegen, wie man eine Straße „richtig" überquert und über ihre bereits vorhandenen Kenntnisse sprechen. Auf dem zusätzlichen Wimmelbild, das die Kinder für die Platzdeckchen-Methode verwenden sollen, sind konkrete Verkehrssituationen visualisiert, sodass die Kinder diese zunächst eigenständig reflektieren und sich anschließend darüber austauschen sollen. Auch in diesem Fall setzt sich diese Methode aus den grundlegenden Phasen Denken, Austauschen und Präsentieren zusammen.

Da die Kinder zunächst auf eigene Kenntnisse zur Überquerung einer Straße zurückgreifen sollen, sollte ihnen zu Beginn dieser Unterrichtsstunde zwar zur Anknüpfen an die vorhergehende Unterrichtseinheit das Bild des Verkehrspolizisten gezeigt werden, die Fortsetzung der Geschichte (VII) aber erst nach Abschluss der Arbeit mit dem Platzdeckchen (zur Unterstützung der Ergebniskontrolle) vorgelesen bzw. erzählt werden.

In einer weiteren Einheit sollen die Kinder mithilfe der Methode Think-Pair-Share die zuvor gesammelten und versprachlichten Ideen als Regeln verschriftlichen. Wichtig ist hier, dass die einzelnen Handlungsschritte segmentiert werden müssen. Dazu können bestimmte Hilfskonstruktionen, wie z. B. Satzanfänge oder Wörter wie rechts, links, erst, dann, gehe usw., vorgegeben werden.

Aufgaben

Platzdeckchen: Wie überquert man Straßen sicher?

1. Einzelarbeit: Die Kinder schauen sich das Wimmelbild an und überlegen, wie man eine Straße überqueren sollte und was man dabei berücksichtigen muss. Sie schreiben ihre Ideen in die äußeren Felder des Platzdeckchens (jeweils ein Feld pro Kind).
2. Gruppenarbeit: Die Kinder stellen sich (ggf. in einer von der Lehrperson vorgegebenen Reihenfolge) ihre Ergebnisse vor. Anschließend sprechen sie über ihre Notizen und überlegen gemeinsam, wie man sich bei einer Straßenüberquerung richtig verhält. Dazu entscheiden sie sich im Team für eine Gruppenlösung. Der Schreiber der Gruppe verschriftlicht das Gruppenergebnis im mittleren Schreibfeld.
3. Plenum: Schließlich stellt der Präsentator das Gruppenergebnis in der Klasse vor. Die Gruppe reflektiert ihr Ergebnis und vergleicht ihren Lösungsansatz mit denen der anderen Gruppen.

Denken-Austauschen-Vorstellen (Think-Pair-Share): Eine Straße richtig überqueren

1. Einzelarbeit: Die Kinder lösen individuell das Arbeitsblatt „Eine Straße richtig überqueren". Erwartet wird von ihnen, dass sie ihre Überlegungen zu den Bildern als kurze „Regeln" verschriftlichen, z. B. „Zuerst schaue ich nach links."
2. Partnerarbeit: In der Partnerarbeitsphase vergleichen sie ihre Ergebnisse mit ihrem Partnerkind. Dazu lesen sie ihre Regeln abwechselnd vor und überlegen dann gemeinsam, ob sie zu ähnlichen Ergebnissen gekommen sind. Über Uneinigkeiten müssen sie sprechen und zu einem gemeinsamen „Teamergebnis" kommen.
3. Gruppenarbeit: In dieser letzten Phase stellen sie einem anderen Zweierteam ihr Teamergebnis vor.

Für eine Ergebnissicherung und Reflexion im Plenum sollten einige Ergebnisse von Zweierteams exemplarisch besprochen werden.

Maulwurf Fluppi muss die Straße überqueren

(Fortsetzung der Geschichte VII)

Erinnert ihr euch noch an den freundlichen Verkehrspolizisten, den Fluppi getroffen hat? Fluppi begegnet erneut dem Verkehrspolizisten. Der Verkehrspolizist gibt Fluppi den Rat: „Damit du eine Straße sicher überqueren kannst, musst du zuerst einen Fußgängerüberweg finden. Kennst du das Schild dazu?“ Fluppi springt aufgeregt in die Höhe und schreit: „Da, da ist es dieses Schild, auf dem ein Mensch zu sehen ist, der über schwarze Striche läuft?“

Der Verkehrspolizist schmunzelt: „Das ist zwar richtig Fluppi, aber über schwarze Striche läuft der Mensch nicht! Die Striche meinen den Teil der Straße, der für die Fußgänger als Fußgängerüberweg gekennzeichnet ist. Diese Streifen nennt man Zebrastreifen. Na, dann gehen wir mal gemeinsam dort hin.“ Fluppi und der Verkehrspolizist laufen zum Fußgängerüberweg. Ernst beugt sich dort der Polizist zu Fluppi herunter und sagt: „Nun pass gut auf, Fluppi! Zuerst musst du darauf achten, auf dem Bordstein einen sicheren Abstand zur Straße zu haben. Danach wartest du, bis die Straße frei ist. Dann schaust dich zuerst nach links um. Anschließend schaust du nach rechts. Danach noch einmal nach links. Erst wenn die Straße jetzt immer noch frei ist, läufst du auf dem Zebrastreifen zügig auf die andere Seite. Möchtest du das jetzt einmal üben?“ „Oh, ja!“, Fluppi hat dem Verkehrspolizisten aufmerksam zugehört und dabei glänzende Augen bekommen. Er möchte dem Polizisten unbedingt zeigen, dass er alles richtig verstanden hat. Wie war das noch mal? Fluppi denkt noch einmal gründlich nach:

1. Abstand zur Straße halten
2. warten bis die Straße frei ist
3. nach links schauen
4. nach rechts schauen
5. wieder nach links schauen
6. wenn die Straße immer noch frei ist, zügig auf die andere Seite gehen

Nachdem Fluppi dies ein paar Mal geübt hat, klopft ihm der Polizist freundlich auf die Schulter und lobt: „Prima, Fluppi! Jetzt hast du gelernt, wie du eine Straße sicher überqueren kannst.“

Wimmelbild

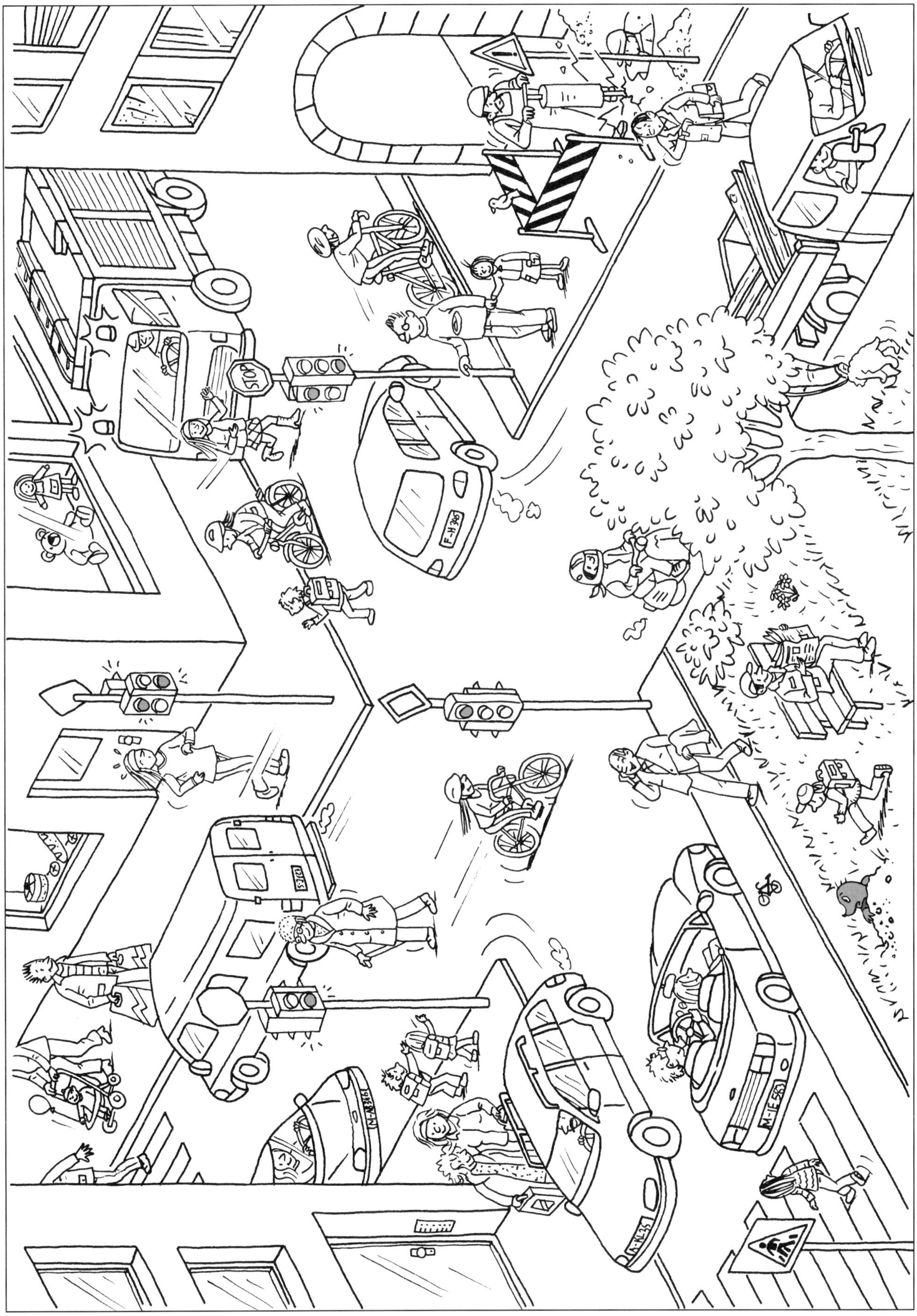

Eine Straße richtig überqueren

1. Schneide die Bilder aus.
   Klebe sie in der richtigen Reihenfolge auf das leere Blatt.
2. Schau dir die Bilder auf deinem Arbeitsblatt in der richtigen Reihenfolge an.
   Schreibe Regeln zum Überqueren einer Straße auf.

   1. Regel: ____

   ____

   ____

   ____

   2. Regel: ____

   ____

   ____

   ____

   3. Regel: ____

   ____

   ____

   ____

Vergleiche deine Regeln mit deinem Partnerkind.
Lies ihm deine Regeln vor.
Hör dir auch seine Regeln an.
Überlegt gemeinsam, ob eure Regeln gleich sind.

Eine Straße richtig überqueren (1)

1

2

3

4

5

6

Eine Straße richtig überqueren (2)

Mein Schulweg

Methode Denken-Austauschen-Vorstellen (Think-Pair-Share)/Line-Up

Fachliche Ziele Aktivierung des Vorwissen, innere Vorstellungsbilder entwickeln, Ideen formulieren und austauschen, eine Wegskizze anfertigen, Vorschläge vergleichen, Ergebnisse zusammenfassen und mitteilen, Arbeitsergebnisse vergleichen und kontrollieren

Sozialziele Austauschen in der Gruppe, gegenseitig zuhören, aufeinander warten, Hilfestellungen geben und aufeinander eingehen, Leistung anderer anerkennen

Mögliche Rollen für die Partnerarbeit Ermunterer, Lautstärkenregler, Materialmanager, Präsentator, Schreiber, Zeitmanager, Zusammenfasser

Materialien Fortsetzung der Geschichte (VIII); je ein Arbeitsblatt „Mein Schulweg (I)" und Arbeitskarte „Mein Schulweg (III)" pro Kind bzw. Arbeitsblatt „Mein Schulweg (II)" pro Gruppe

Hinweise Für diese Unterrichtseinheit sind zwei Methoden vorgesehen. Die methodisch-didaktische Unterteilung sollte auch in der Durchführung durch zwei aufeinanderfolgende Unterrichtsstunden berücksichtigt werden.
Der Einstieg in diese letzte, die Unterrichtsreihe abschließende Unterrichtssequenz, wird durch eine Fantasiereise (Geschichte (VIII)) eingeleitet. Diese soll sowohl der Festigung der Lerninhalte der vorangegangenen Unterrichtstunden als auch der Einstimmung auf die anstehende Arbeitsaufgabe dienen. Die Fantasiereise bietet einen Rahmen. Sie kann textuell oder inhaltlich geändert bzw. ergänzt werden.
Im Anschluss an die Fantasiereise sollten die Kinder die Gelegenheit erhalten, ihren Schulweg im Klassenplenum möglichst genau zu beschreiben. Parallel dazu sollte mindestens ein Schulweg exemplarisch an die Tafel gezeichnet werden. Hierbei wäre wichtig, den Kindern ein möglichst maßstabgetreues Zeichnen zu verdeutlichen. Empfehlenswert wäre eine exemplarische Zeichnung des Lehrers, um das Ziel und die Erwartungen zu veranschaulichen. Die Zeichnung sollte unbedingt mit Beschreibungen versehen werden, damit die Versprachlichung der Schulweg-Beschreibung konkret geübt werden kann (geradeaus, links/rechts abbiegen, Kreuzung etc.).
Im Rahmen der *Think-Pair-Share*-Methode erhalten die Kinder die Aufgabe, ihren eigenen Schulweg auf dem dazu vorbereiteten Arbeitsblatt („Mein Schulweg III") zu zeichnen. Zu diesem Zweck kann auch ein blanko Blatt genutzt bzw. die vorgegebene Zeichnung je nach Schule und Umgebung zeichnerisch umgestaltet werden. Danach stellen sich die Kinder eines Teams ihren Schulweg gegenseitig vor.

Abschließend erhalten die Kinder die Aufgabe, gemeinsam Gefahrenstellen auf dem Schulweg zu finden und auf der Zeichnung zu vermerken. Alternativ dazu könnte den Kindern auch die Aufgabe gegeben werden, sämtliche Verkehrsschilder, Ampeln bzw. Fußgängerüberwege auf ihrem Schulweg einzuzeichnen. Da die Kinder einer Klasse zum größten Teil aus demselben Schulbezirk stammen, ist davon auszugehen, dass sich die Teams hierbei auch tatsächlich gegenseitig Hilfestellung geben können.
Den Abschluss dieser Sequenz bildet der Austausch mit einem anderen Zweier-Team. Sitzen die Kinder an einem Gruppentisch, so wählen sie hierfür ein anderes Team des Tisches. Andernfalls suchen sie sich in der Klasse selbstständig ein zweites Team. In diesem Falle wäre es sinnvoll, mit Teppichfliesen oder Reifen „Inseln" im Klassenraum oder im Flur vorzubereiten. Reihum präsentieren und beschreiben die Kinder in der Vierer-Gruppe gegenseitig ihren Schulweg.

Die sich an diese Arbeit anschließende zweite Methode dieser Unterrichtssequenz bildet das *Line-Up*. Wieder sind die jeweiligen Vierer-Gruppen der Austauschphase ein Team. Innerhalb dessen erhalten die Kinder die Aufgabe, sich gemäß der gegebenen Aufgabenstellung im *Line-Up* zu formieren. Die Aufgabenstellung sollte hierbei jeweils von den Arbeitsergebnissen der Kinder ausgehen. Sie wird von uns nur als Anregung verstanden. Mögliche Aufgabenstellungen wären:
– Wer hat den längsten/kürzesten Schulweg?
– Wer hat die meisten Verkehrsschilder/Ampeln auf seinem Schulweg?
– Wer hat die meisten gefährlichen Stellen auf seinem Schulweg?

Fantasiereise

(Fortsetzung der Geschichte VIII)

Setze dich so auf deinen Stuhl, dass du gut zuhören kannst. Wenn du möchtest, kannst du deinen Kopf auf den Tisch legen und die Augen schließen.
Atme nun tief und gleichmäßig ein und aus. Deine Arme und Beine entspannen sich.

Erinnerst du dich an den Maulwurf Fluppi? Denk an seine Höhle unter dem Hügel der Stadt. Stell dir nun vor, wie du gemeinsam mit Fluppi durch die Stadt läufst. Hand in Hand klettert ihr vorsichtig aus Fluppis Höhle heraus. Zuerst entdeckt ihr die Ampel. Ihr wartet bis diese „grün“ leuchtet und lauft dann über die Straße.
Da! Auf der anderen Straßenseite steht ja der freundliche Verkehrspolizist und winkt euch zu. Ihr winkt zurück und lauft weiter. An der nächsten Ecke seht ihr das rote Schild mit den acht Ecken. Ihr wisst, dass es „Stopp“ bedeutet. Ihr bleibt beide stehen. Ihr seht euch um und entdeckt weitere Schilder: dort drüben das blaue, runde „Gehweg-Schild“ und hier vorne das dreieckige „Achtung-Schild“. Ihr lauft weiter bis ihr das Schild „Fußgängerüberweg“ findet.
Dann überquert ihr die Straße. Ihr verhaltet euch genauso, wie es der Verkehrspolizist Fluppi beigebracht hat: warten, nach links schauen, nach rechts schauen, wieder nach links schauen und erst dann laufen, wenn die Straße frei ist. Auf der anderen Seite angekommen, seht ihr einen Schulbus an euch vorbeifahren. In dem Bus sitzt der kleine Junge mit der lustigen Kappe, den Fluppi bei seinem ersten Ausflug in die Stadt getroffen hat. Plötzlich kommt dir eine Idee. Wie wäre es, wenn dich Fluppi zur Schule begleiten würde? Zusammen lauft ihr zu dir nach Hause. Schnell holst du deine Schultasche aus deinem Zimmer. Ihr geht gemeinsam von eurer Wohnung los.
Doch was ist das? Der Wecker klingelt. Du liegst zu Hause in deinem Bett. Es war alles nur ein Traum. Du musst aufstehen und zur Schule gehen.

Öffne nun langsam die Augen. Strecke deine Arme und Beine vorsichtig aus. Setze dich wieder gerade auf deinen Stuhl.

Mein Schulweg (1)

Erkläre Fluppi leise, wie du morgens zur Schule gehst.

Nimm einen Buntstift und male deinen Weg auf das Blatt.

Schau dir deinen Weg noch einmal an.

Erkläre Fluppi leise mit deinem Bild,
wie du morgens zur Schule gehst.

Tipp: Gibt es Geschäfte oder einen Park in der Nähe?
Male die Geschäfte, die du dir auf dem Weg zur Schule gemerkt hast, auf das Blatt.

Erzähle deinem Partner, welchen Weg du morgens zur Schule gehst.
Wechselt euch ab.

Habt ihr den gleichen Weg?

Entscheidet euch, wer von euch beiden einem anderen Kinderpaar gleich seinen Schulweg vorstellen soll.

Mein Schulweg (2)

Trefft euch mit einem anderen Kinderpaar.

Erzählt einen Schulweg.

Sprecht über eure Schulwege:

- Geht ihr morgens gemeinsam zur Schule?
- Wird jemand mit dem Auto zur Schule gefahren?
- Fährt schon jemand mit dem Bus oder mit dem Fahrrad zur Schule?
- Welche Geschäfte seht ihr auf dem Weg zur Schule?

Mein Schulweg (3)

Fischgräte (Fishbone)

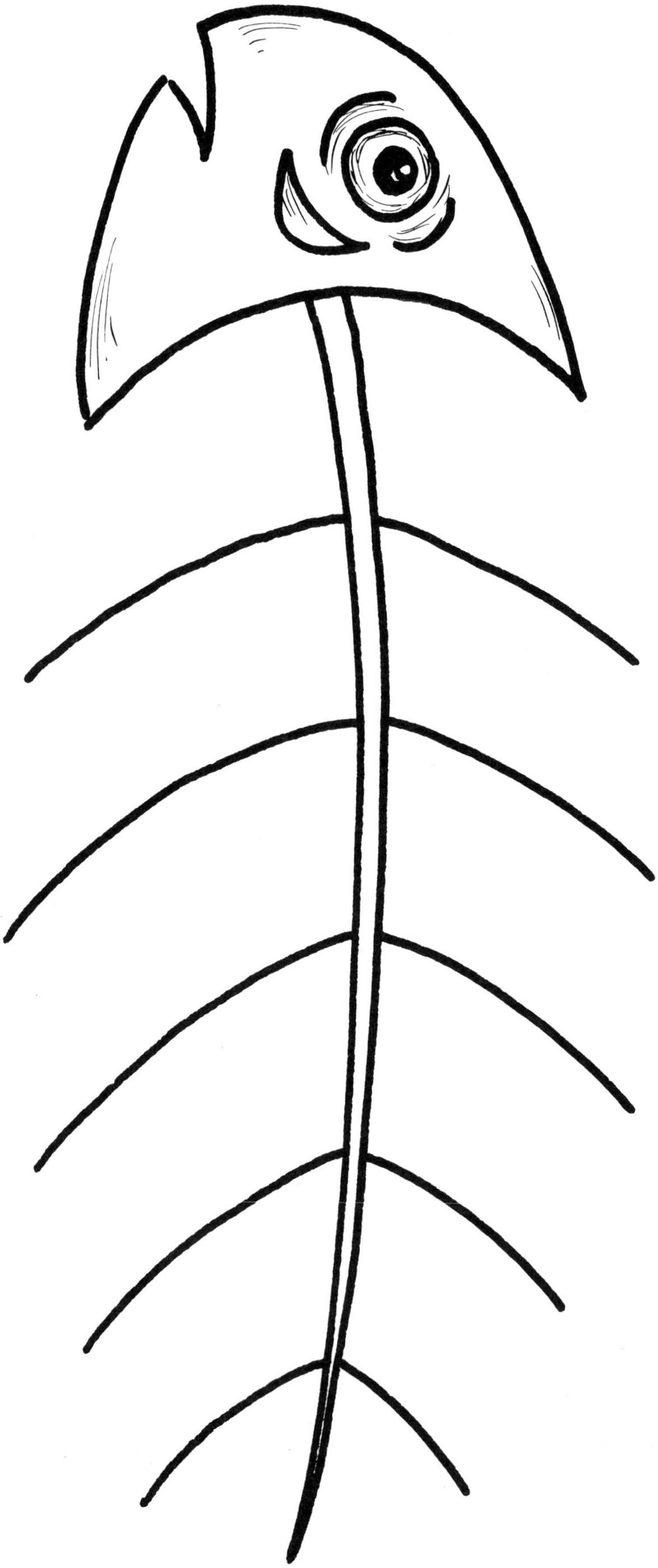

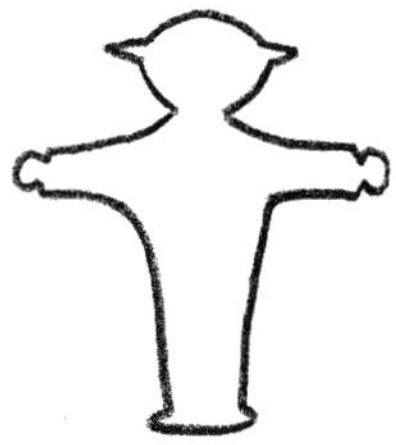

Platzdeckchen (Placemat)

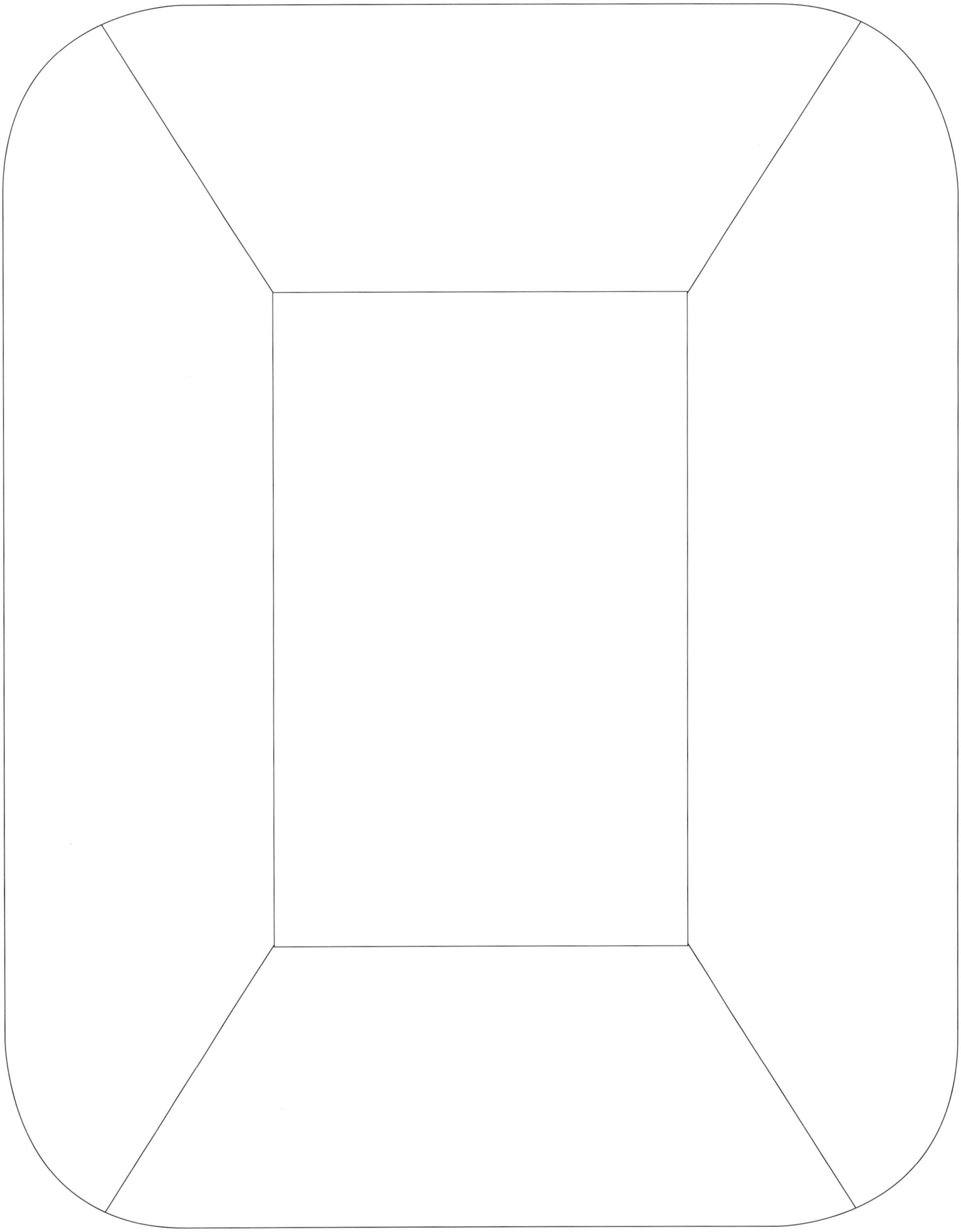

Schnittkreis (Venn-Diagramm)

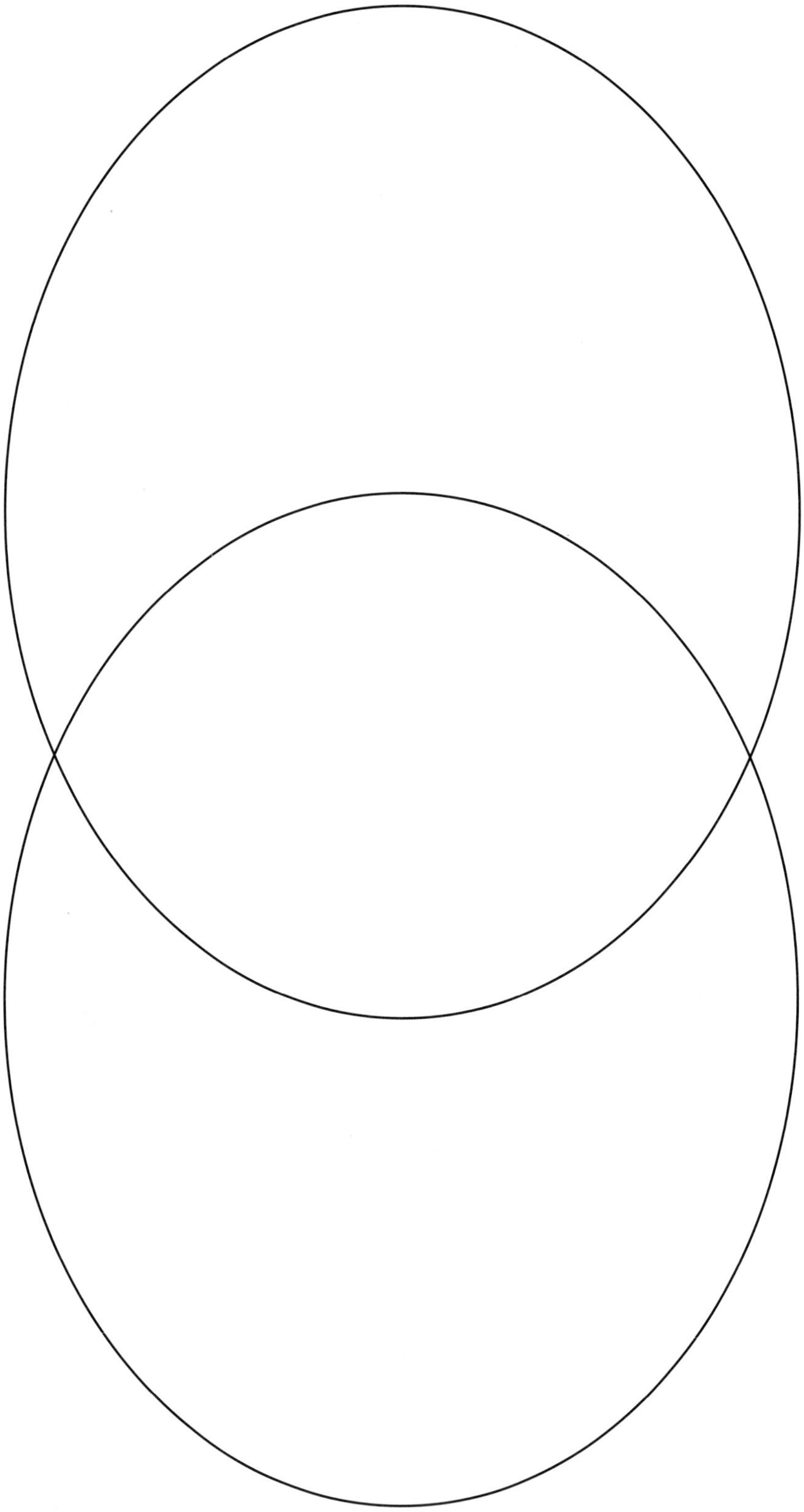

Materialmanager

der Zeitmanager

Schreiber

Leser

Überprüfer

Lautstärkenregler

Präsentator

Ermunterer

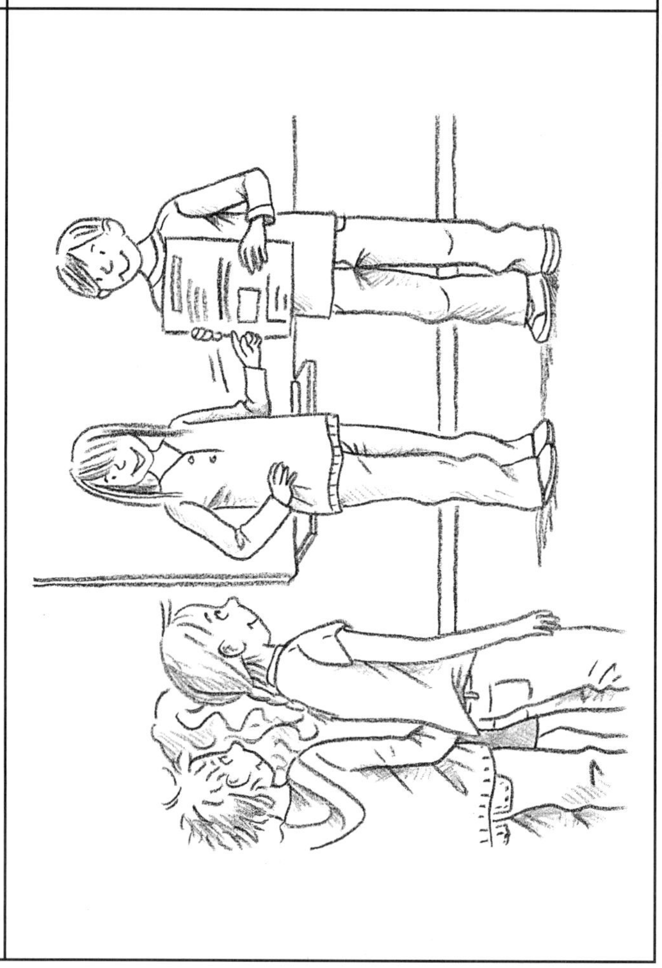

Erste Gruppenbesprechung

Einzelarbeit

Ergebnisse in der Gruppe vorstellen

Gruppenergebnis besprechen und aufschreiben

Präsentieren im Klassenplenum

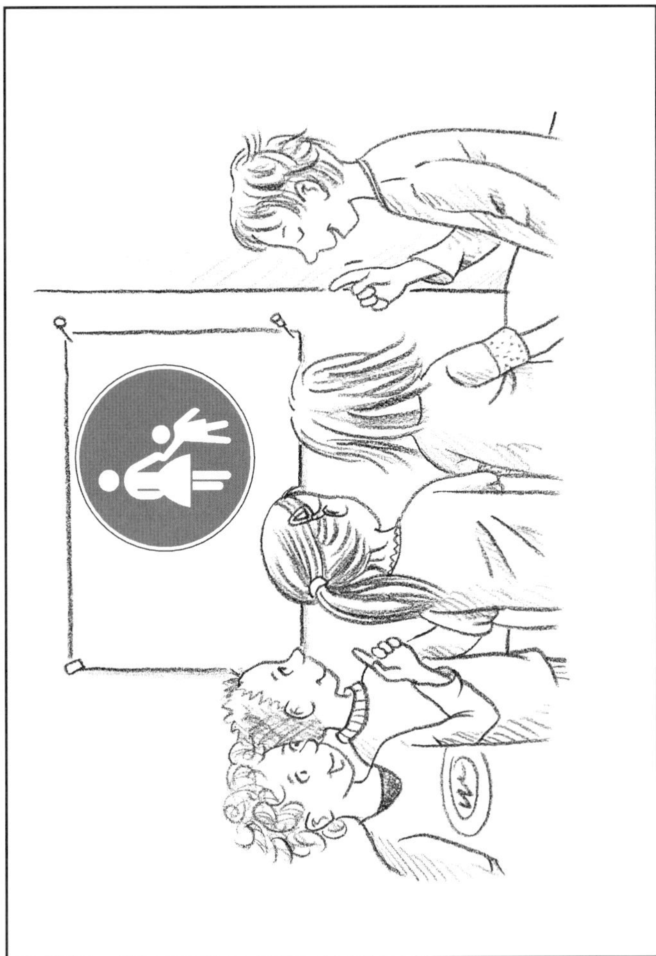

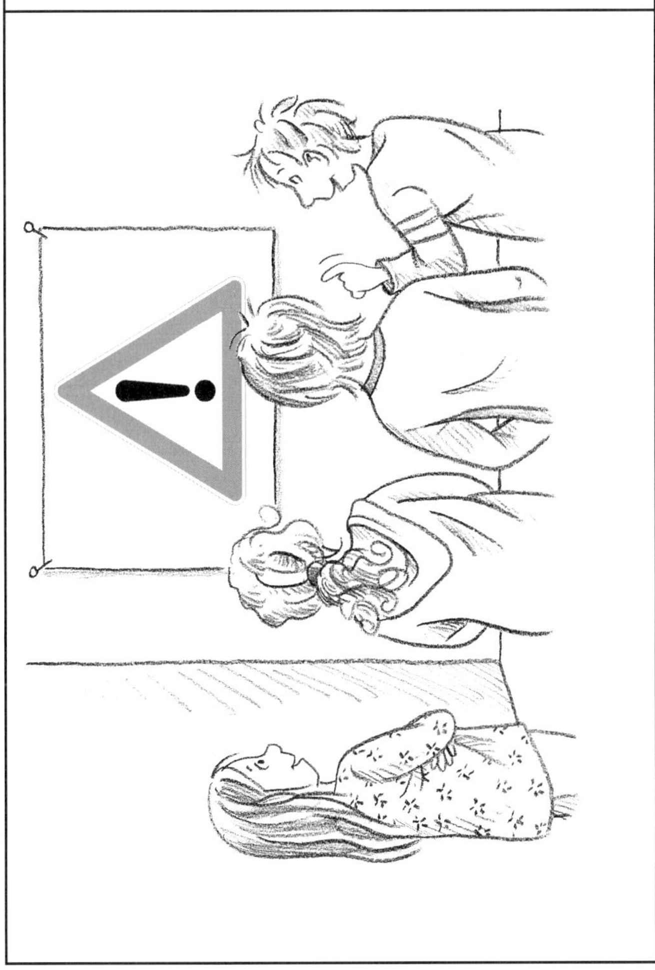

STOP

STOP

STOP

STOP
STOP

Wie habt ihr zusammen gearbeitet?
Überlegt gemeinsam und malt die passenden Blätter aus.

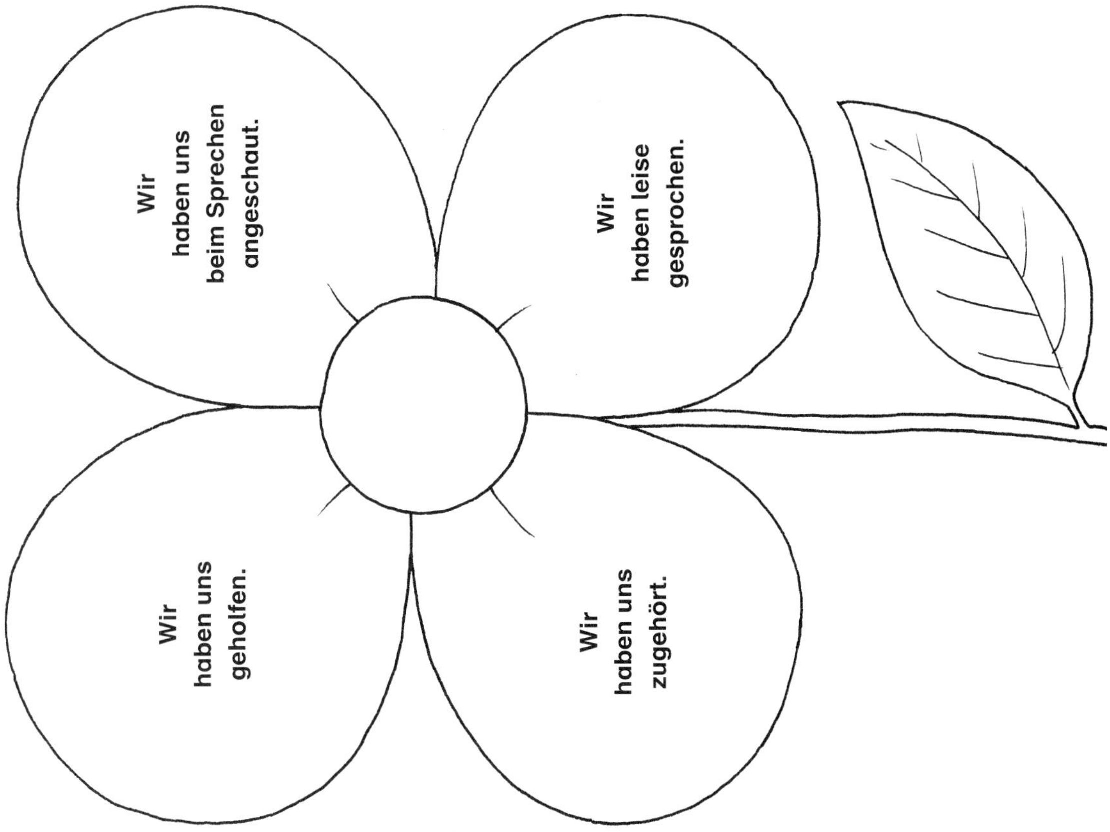

Literatur

Bochmann, Reinhard/Kirchmann, Ruth (2008a): Kooperativer Unterricht in der Grundschule. Essen: Neue Deutsche Schule Verlagsgesellschaft (NDS)

Bochmann, Reinhard/Kirchmann, Ruth (2008b): Kooperatives Lernen in der Grundschule. 2. Auflage. Essen: Neue Deutsche Schule Verlagsgesellschaft (NDS)

Brüning, Ludger/Saum, Tobias (2006): Erfolgreich unterrichten durch Kooperatives Lernen 1. Essen: Neue Deutsche Schule Verlagsgesellschaft (NDS)

Buchs, Céline/Gilles, Ingrid/Dutrévis, Marion/Butera, Fabrizio (2010): Pressure to cooperate: Is positive reward interdependence really needed in cooperative learning? *British Journal of Educational Psychology* 81, 135–146

Fuchs, Birgit (2002): Tessloffs Verkehrsschule. Sicher auf dem Schulweg. Nürnberg: Tessloff

Green, Kathy/Green, Norm (2010): Kooperatives Lernen im Klassenraum und im Kollegium. Das Trainingsbuch. 5. Auflage. Seelze: Klett/Kallmeyer Verlag

Huber, Anne A. (2004): Kooperatives Lernen – kein Problem. Effektive Methoden der Partner- und Gruppenarbeit. Seelze: Klett

Johnson, David W./Johnson, Roger T. (2009): An Educational Psychology Success Story: Social Interdependence Theory and Cooperative Learning. Educational Researcher (38), 365–379

Jöcker, Detlev (2012): Mile male mule, ich gehe in die Schule (CD): Menschenkinder Verlag

Kalkavan, Zeynep (2011): Kooperative Lernmethoden: Lesen. Klasse 3/4. Buxtehude: Persen Verlag

Kalkavan, Zeynep (2010): Kooperative Lernmethoden – Lesen. Klasse 2/3. Buxtehude: Persen Verlag

Kalkavan, Zeynep/Özdil, Erkan (2012): Kooperative Lernmethoden Mathematik. Klasse 2/3. Buxtehude: Persen Verlag

Kohrs, Karl-Walter (2010): Sachunterricht 1./2. Klasse. Raum und Umwelt. Buxtehude: Persen Verlag

Ministerium für Schule, Jugend und Kinder des Landes NRW (2008): Richtlinien und Lehrpläne zur Erprobung für die Grundschule in Nordrhein-Westfalen/Sachunterricht. Ritterbach Verlag

Murglat, Heike/Kalkavan, Zeynep (2012): Kooperative Lernmethoden Sachunterricht: Zähne. Klasse 1/2. Buxtehude: Persen Verlag

Stevens, Robert J./Slavin, Robert E. (1995): The Cooperative Elemantary School: Effects on Students Achievement, Attitudes and Social Relations. American Educational Research Journal 32, 321–351

Weidner, Margit (2003): Kooperatives Lernen im Unterricht. Das Arbeitsbuch. Seelzer-Velber: Kallmeyer Verlag

Freie Arbeitsformen im Sachunterricht!

Corinna Schmaack

Lernwerkstatt Ritter, Burgen & Co.

Fächerübergreifende Materialien für den Sachunterricht

Das komplette Rüstzeug für eine spannende Reise ins Mittelalter! Der Band enthält didaktisch-methodische Überlegungen, Hinweise und Tipps zur Umsetzung der Werkstatt. Bastelanleitungen, z. B. für eine Ritterburg, sowie alle benötigten Arbeitskarten und -blätter. Schwerpunkt der Werkstatt ist sowohl fächerübergreifendes als auch handlungsorientiertes Arbeiten. So vermitteln Sie das Wissen zu vergangenen Epochen lebendig, anschaulich und nachhaltig.

Mit Kindern das spannende Mittelalter handlungsorientiert entdecken!

Buch, ca. 120 Seiten, DIN A4
3. und 4. Klasse
Best.-Nr. M160

Andreas Stark

Lernwerkstatt Meer und mehr

Fächerübergreifende Kopiervorlagen

Das beliebte Thema „Meer" bietet Stoff für zahlreiche Fächer. Z. B. Deutsch und Sachunterricht: Wortfeldarbeit, Wortartenfisch, Informationstexte (Meer, Inseln, Ebbe, Flut), Lückentexte (Der Wattwurm), kreatives Schreiben
Mathematik: Multiplikation, Rechnen mit Einheiten (Hoher Wasserverbrauch am Strand)
Englisch: Vokabeln (At the Ocean), Mini-Dialoge (Holidays on an Island)
Musik: Wellen-Musik, Strand-Hörmemory
Kunst: Meeres-Fensterbilder, Unterwasserlandschaft, Leuchtturm
Sport: Reaktionsspiel, Fischer-Staffel

Die abwechslungsreiche Lernwerkstatt rund ums Meer!

Buch, 80 Seiten, DIN A4
3. und 4. Klasse
Best.-Nr. M161

Andreas O. Möckel

Lernwerkstatt Liebe – Körper – Kinderkriegen

Fächerübergreifende Materialien zur Sexualerziehung

Was ist Liebe? Wie kommt das Baby in den Mutterleib? Was verändert sich in der Pubertät? Selbst auf schwierige Fragen wird das Finden von Antworten einfach – mit einem breiten Spektrum an Arbeitsblättern, z. B. Geschichten über das Verliebtsein und Sachtexten zu Mädchen und Jungen, mit einem Rollenspiel zum NEIN-Sagen oder einem Quiz.
Mit der Lernwerkstatt verstehen Kinder körperliche und seelische Vorgänge des Erwachsenwerdens besser, nehmen eigene Gefühle wahr und erwerben grundlegendes Wissen über die Entstehung neuen Lebens. Als Ergebnis der Lernwerkstatt halten sie Wichtiges in einem eigenen Buch fest. Ein heikles Lehrplan-Thema wird hier altersgemäß aufbereitet.

So wird Sexualerziehung leicht gemacht!

Buch, ca. 80 Seiten, DIN A4
3. und 4. Klasse
Best.-Nr. M349

Nicole Weber

Lernwerkstatt Moor

Fächerübergreifende Kopiervorlagen für die Klasse 3/4

Das Moor mit seinen Geheimnissen ist nicht nur ein faszinierendes Thema für Kinder, sondern als typische Landschaftsform bestimmter Regionen auch Thema des Lehrplans. Die Arbeitsblätter sind ebenso interessant wie vielfältig: ein Sachtext über Ansiedlungen im Moor, ein Torfversuch oder ein Moorspiel sind Themen an Stationen. Neben Erläuterungen und grafischen Vorgaben für Laufzettel und Urkunden gibt es Kinderbuchempfehlungen, Gedichte und Lieder übers Moor, Adressen von Museen und auch eine Lernzielkontrolle. Das Buch ist für den Einsatz im Sachunterricht sowohl als Lernwerkstatt als auch im Klassenverband geeignet.

Vielseitige Lernstationen zum Thema Moor – einfach und schnell umgesetzt!

Buch, 80 Seiten, DIN A4
3. und 4. Klasse
Best.-Nr. M341

Alexandra Hanneforth

Lernwerkstatt Gesundheit

Fächerübergreifende Kopiervorlagen

Mit den ideenreichen und liebevoll gestalteten Arbeitsblättern zu allen wichtigen Themen rund um gesunde Ernährung, Hygiene und Krankheiten gelingt der Einstieg in die Gesundheitserziehung kinderleicht. Die Schüler/-innen stellen ein Giftpflanzen-Leporello her, lernen, wie man Hände und Zähne richtig reinigt, probieren Trink-dich-fit-Rezepte aus oder basteln eine Erste-Hilfe-Drehscheibe. Fächerübergreifende Angebote, Spiele und Rätsel sorgen nicht nur für Spaß und Abwechslung, sondern festigen das Gelernte auch dauerhaft.

Fresszellen-Daumenkino, Pflaster-Forscher, Körperpflege, Leselotto – so begeistern Sie Ihre Klasse für das Thema Gesundheit!

Buch, 96 Seiten, DIN A4
1. und 2. Klasse
Best.-Nr. M355

Unser Bestellservice:

Das komplette Verlagsprogramm finden Sie in unserem Online-Shop unter

www.persen.de

Bei Fragen hilft Ihnen unser Kundenservice gerne weiter.

Deutschland: ✆ 0 41 61/7 49 60-40 · Schweiz: ✆ 052/366 53 54 · Österreich: ✆ 0 72 30/2 00 11